인생 명언

삶의 방향을 바로잡아주는
인생 명언

초판 1쇄 인쇄 2022년 2월 10일
초판 1쇄 발행 2022년 2월 17일
개정 1판 1쇄 발행 2025년 6월 20일

지은이 | 성기철
펴낸이 | 임종관
펴낸곳 | 미래북
편　집 | 정윤아
본문 디자인 | 디자인 [연:우]
등록 | 제 302-2003-000026호
주소 | 경기도 고양시 덕양구 삼원로73 고양원흥 한일 윈스타 1405호
전화 031)964-1227(대) | 팩스 031)964-1228
이메일 miraebook@hotmail.com

ISBN 979-11-92073-77-4 (03800)

값은 표지 뒷면에 표기되어 있습니다.
잘못된 책은 구입하신 서점에서 바꾸어 드립니다.

삶의 방향을 바로잡아주는

인생 명언

The Greatest Words of Wisdom for Life

성기철 지음

PROLOGUE

영국 수상 윈스턴 처칠은 자서전에서 "충분한 교육을 받지 못한 사람은 명언집을 많이 읽는 것이 좋다"라고 했다. 비단 교육받지 못한 사람에게만 해당되는 말일까. 그렇지 않다. 동서양 고전에 통달할 정도로 독서량이 많은 사람이 아닌 이상 명언은 누구한테나 유익하다. 처칠 자신도 바틀릿의 〈인용문 모음집〉에 나오는 좋은 표현을 음미하며 열심히 암기했다고 술회한 적이 있다.

명언이란, 인생사 사리에 맞는 훌륭한 말을 가리킨다. 기나긴 역사의 풍파를 헤쳐 나온 명문장을 말한다. 주로 사상가, 작가, 예술가, 정치가, 종교 지도자의 입에서 나온다. 그들의 사상과 인생관, 삶의 지혜가 고스란히 담겨있다.

명언은 현인들, 위인들의 깊은 사유와 성찰의 결과물이기에 하나같이 힘이 있다. 후세 사람들에게 안전하고 편안한 인생의 길잡이가 되며, 단 한마디가 누군가의 삶을 완전히 바꿔놓기도 한다. 그러므로 명언은 성공한 인생, 행복한 삶을 꿈꾸는 사람들에게 무조건 도움이 된다. 자주, 그리고 많이 접하고 익힐수록 좋다. 독서 결핍에 따른 교양 부족을 메우거나 글쓰기 아이디어 및 재료를 축적할 수 있는 것은 덤이다.

독서 중에 발견한 동서고금 현인들의 주옥같은 말들을 짜임새 있게 모아 보고 싶은 생각을 오래전부터 했다. 에세이 〈가장 행복한 나이〉를 저술하며 그 필요성을 절감하기에 이르렀다. "이런 좋은 문장들을 나의 세 딸과 같은 청년들에게 효과적으로 전할 방법은 없을까?" 하는 마음이 이 책을 쓰게 된 동기다.

그냥 모아 가지고서야 여느 명언집과 무슨 차이가 있겠는가. 우선 인생을 살며 흔히 직면하는 5개 분야 70개 키워드를 선정했다. 5개 분야는 미래 준비, 시련 극복, 사랑, 품격, 행복이다. 키워드별로 핵심 명언을 3개씩 엄선해서 정리한 다음 관련 에세이를 썼다. 에세이는 제시된 명언을 토대로 다양한 인물들의 행적과 사례, 저자의 경험을 입체적으로 엮어 흥미와 유익을 도모했다. 특히 미래가 불확실한 청년들에게 초점을 맞추었다. 틈틈이 관심 있는 키워드를 찾아 보석 같은 명언과 에세이를 읽고 마음의 근육을 키움으로써 험난한 인생길에 조금이라도 위로와 격려가 되면 더없이 좋겠다. 사랑하는 딸 다원, 다현, 다경이의 삶에도 이 책이 살과 피가 될 것이라 믿어 의심치 않는다.

어려운 출판 환경에도 불구하고 청년들에게 인생의 좋은 길잡이가 되겠다며 선뜻 책을 내주신 미래북 임종관 대표님과 편집 책임자 여러분께 깊은 감사와 경의를 표한다.

성기철

CONTENTS

PROLOGUE 4

CHAPTER 1
후회 없는 인생을 준비하라

01 인생의 꿈은 자기 스스로 꾸어야 한다	14
02 야망은 누구한테나 무한대다	18
03 새처럼 하늘을 나는 릴리엔탈의 상상	22
04 나폴레옹과 베조스, 누가 더 용감한가	26
05 한겨울 밤의 연탄, 그리고 정주영	30
06 우물쭈물 살았다는 버나드 쇼의 9전 10기	34
07 사랑과 처자식 중 어느 것을 남길 것인가	38
08 인간관계, 배려하면 무조건 좋아진다	42
09 '소크라테스 형'이 멋있게 보이는 이유	46
10 지식이 호구지책이면 지혜는 인생지책	50
11 상대방 마음을 사는 게 최고의 화술이다	54
12 독서는 성장의 최고 반려자	58
13 글쓰기로 당신의 자아를 발견하라	62

CHAPTER 2

힘들어도 툭툭 털고 일어서라

14 마이클 조던은 9000번이나 실패했다	68
15 정약용은 '심경'으로 고난을 극복했다	72
16 가난에 안주하는 것은 부끄러운 일이다	76
17 프랑스 의사 봉바르의 희망 실험	80
18 고독은 생활필수품, 벗삼아 즐겨라	84
19 1미터만 더 파보라, 그곳에 금광이 있다	88
20 내일 걱정은 내일한테 맡겨라	92
21 젊은 날의 방황, 나쁘지 않다	96
22 이별, 더 큰 사랑으로 극복하라	100
23 '결국 잘 될 거야'를 주문처럼 외워라	104
24 시간이 덜어주지 않는 슬픔은 없다	108
25 두려움, 정면으로 맞서야 사라진다	112
26 화는 남보다 나를 더 해친다	116
27 남과 비교하는 것은 기쁨을 훔쳐가는 도둑	120
28 후회는 자신의 현재를 고문하는 것	124
29 최고의 복수	128
30 질병과 장애는 인생의 동반자	132
31 죽음, 식탁에서 말할 수 있어야 한다	136

CHAPTER 3
마음껏 사랑하라

32 사랑, 아낌없이 주면 반드시 돌아온다 — 142

33 부부는 이심이체二心異體 — 146

34 행복한 가정이 바로 천국이다 — 150

35 자녀, 방목하는 것이 좋다 — 154

36 부모는 마냥 기다려 주지 않는다 — 158

37 친구는 식탁이요, 화로다 — 162

38 자선, 더 이상 미룰 수 없는 사랑 — 166

39 용서는 자기한테 베푸는 가장 큰 선물 — 170

40 좋은 칭찬과 싸구려 칭찬 — 174

41 작은 친절이 누군가의 인생을 바꾼다 — 178

42 양보하는 사람에게 좋은 사람들이 모인다 — 182

43 폴란드 코르자크 선생님의 헌신 — 186

CHAPTER 4
멋쟁이가 돼라

44 품격은 지적 노력을 해야 생긴다 — 192

45 정직은 최고의 처세술 — 196

46 양심의 소리에 귀 기울이기 … 200
47 겸손과 교만은 동전의 양면 … 204
48 '언제 한번'이란 약속은 금물 … 208
49 매너에서 사람의 향기가 난다 … 212
50 10원은 아끼고 100원은 써라 … 216
51 사과는 빠르게, 키스는 천천히 … 220
52 미켈란젤로의 책임감 … 224
53 경청의 321 법칙 … 228
54 미소는 공짜 보약 … 232
55 유머 있는 사람만 천국 간다 … 236
56 외모지상주의 탈출법 … 240
57 시와 음악을 좋아했던 공자 … 244

CHAPTER 5

나만의 행복을 찾아라

58 행복은 지금 바로 여기에 있다 … 250
59 내 운명의 주인은 바로 나다 … 254
60 영혼이 자유로워야 행복하다 … 258
61 명예를 잃으면 모두 잃는 것이다 … 262

62 경제적 중류층, 정신적 상류층이 좋다	266
63 권력보다 권위를 가져야 행복하다	270
64 남보다 자기를 먼저 사랑해야 하는 이유	274
65 삶은 단순할수록 아름답다	278
66 여행, 가슴 떨릴 때 해야 제격	282
67 마음의 속도를 늦추어라	286
68 사색의 힘	290
69 마음공부의 투 트랙, 명상과 기도	294
70 감사는 최고의 항암제다	298

인용 및 참고 문헌   302

CHAPTER 1

후회 없는 인생을
준비하라

01
인생의 꿈은 자기 스스로 꾸어야 한다
• '두말 말고 일단 공부나 하라'는 부모 다그침에 저항해야 •

꿈에 관한 명언

> 종착할 항구가 없는 사람은
> 그 어떤 바람도 도와줄 수 없다.
> _미셸 드 몽테뉴

> 우리 모두 리얼리스트가 되자.
> 그러나 가슴속엔 불가능한 꿈을 갖자.
> _체 게바라

> 너무 멀리 보는 것은 잘못이다.
> 운명의 사슬은 한 번에 한 고리씩만 다룰 수 있다.
> _윈스턴 처칠

"내 속에서 솟아나오려는 것, 바로 그것을 나는 살아보려고 했다."

헤르만 헤세의 자전적 소설 〈데미안〉의 첫 구절이다. 주인공 데미안이 진정한 자아 발견을 통한 주체적 삶을 꿈꾸는 대목. 데미안은 자신에 대한 깊은 탐구와 다양한 사람들과의 만남을 통해 내면에서 우러나오는 꿈을 찾아가는 과정을 그린 작품이다. 성장 소설이라 불리는 이유다.

헤세 본인도 어릴 적 "시인이 아니면 아무것도 되지 않겠다"라고 했으며, 나이 들어서도 "나 아닌 어느 누구도 되고 싶지 않다"라는 말을 즐겨 하고 다녔다. 방탄소년단BTS의 두 번째 앨범 '윙스Wings'의 타이틀곡 '피 땀 눈물'은 소설 〈데미안〉을 모티브로 했다고 한다. 주체적 삶을 살라는 메시지에 전 세계 청년들이 열광할 만도 하다.

그런데 정작 우리 주변을 둘러보면 꿈이 아예 없다거나 자신이 뭘 좋아하는지, 뭘 잘하는지 도무지 알 수 없다고 하소연하는 청년이 많다. 주체적 삶은커녕 인생 설계 자체가 안 되어 있다는 것이다. 당사자에게는 걱정이 아닐 수 없다.

이런 현상은 청년들에게 미래를 꿈꿀 기회가 주어지지 않았기 때문이라 생각된다. 우리 사회는 지금도 명문대학에 진학하는 것, 연봉 많은 직장에 들어가는 것이 지상 목표인 것처럼 되어 있으니 도무지 자기 주도적으로 미래를 설계하기 힘든 분위기다. 꿈이 없어 걱정이라는 자녀들에게 부모들은 "두말 말고 일단 공부나 열심히 하라"고 다그치기 일쑤다.

인간은 질문하는 동물이다. 그래서 인생 설계는 자신에 대한 끊임없는 질문에서 출발해야 한다. 나는 누구인가, 나는 무엇을 원하는가, 나는 어떻게 살아갈 것인가에 대한 답을 자기 주도적으로 도출하는 것이 무엇보다 중요하다.

그런데 정작 우리한테는 자기 인생을 준비하면서 자신이 아닌 남을 지나치게 의식하는 경향이 있다. "인간은 타자의 욕망을 욕망한다." 철학자 자크 라캉의 예리한 현실 진단이다. 자기가 아닌 다른 사람의 욕망을 욕망한다는 것은 단 한 번 주어지는 인생에서 주인공으로 사는 것을 스스로 포기하는 일이나 진배없다.

지금도 늦지 않았으니 초조해하지는 말자. 분명한 사실은 구체적인 꿈, 목표가 일찍 정해지면 인생 항로에 방향타가 생겨 현재의 삶이 훨씬 풍요롭고 즐거워진다는 것이다. 꿈이 없는 사람이라면 차제에 혼자 긴 여행을 하거나 넓은 세상을 세밀하게 들여다보는 기회를 가져봤으면 좋겠다.

체 게바라는 아르헨티나 부에노스아이레스 대학에서 의학을 공부하던 중 7개월간 남미 종단여행을 한 뒤 혁명가로 변신했다. 비록 혁명은 실패했고, 이른 나이에 죽었지만 더 나은 세상을 건설하고자 청춘을 바친 그의 삶은 고귀하다 하지 않을 수 없다.

이스라엘의 '키부츠 발렌티어'에 참여해보는 것도 괜찮아 보인다. 전 세계 18세부터 35세까지 청년들이 함께 생활하며 자원 봉사하는 이 프로그램은 자신의 새로운 모습을 발견하게 해준다. 세계 각국에서 온 젊은이들과 사귐으로써 지구촌 네트워

크를 형성할 수 있는 기회가 될 수도 있다.

  체 게바라는 실현 불가능할 정도로 원대한 꿈을 꾸라 하고, 윈스턴 처칠은 너무 멀리 보지 말라고 조언한다. 독자들이 조금 헷갈릴 수도 있겠지만 거친 혁명가와 현실 정치가의 시각 차이 정도로 이해하면 될 듯하다. 이보다 더 중요한 것은 역시 꿈은 자기 스스로 꾸어야 한다는 점이다.

02
야망은 누구한테나 무한대다

• 무엇인가 간절히 원하면 신도, 우주도 당신을 도와줄 것 •

야망에 관한 명언

모든 성취의 시작은 갈망이다.
_나폴레온 힐

원하지 않으면 어떤 일도 성취되지 않는다.
희망은 성공으로 이끄는 신앙이다.
_헬렌 켈러

무언가를 간절히 원하면
실현되도록 온 우주가 도와준다.
_파울로 코엘류

"소년이여, 야망을 가져라!Boys, be ambitious!"
중학교 시절 영어 참고서에 나왔던 문구다. 친구들은 19세기 미국인 과학자 윌리엄 클라크가 했던 이 말이 인생의 꿈을 키워준다며 책상 앞에 써 붙여놓곤 했다. 클라크는 일본 정부 초청을 받아 삿포로 농업학교(현 홋카이도 대학 전신) 교장으로 부임해 청년들을 가르쳤다.

이 말은 그가 일본 근무를 마치고 귀국할 때 환송식에서 했던 것으로 알려져 있다. 그 시절 독일에 유학해 박사학위까지 받은 사람한테서 가르침을 받았으니 이런 당부는 꽤 큰 격려가 되었을 것이다.

여기서 말하는 야망이 지나치게 세속적인 것이라고 비판하는 사람들이 있지만 전혀 그렇지 않다. 이어지는 당부의 말은 이렇다. "돈이나 이기심을 위해서가 아니라, 사람들이 명성이라 부르는 덧없는 것을 위해서라 아니라, 단지 사람이 갖추어야 할 모든 것을 추구하는 야망을 가져라." 얼마나 멋진 가르침인가.

야망의 사전적 의미는 '크게 무엇을 이루어 보겠다는 희망'이다. 로마 철학자 세네카는 "인간은 살아 있는 한 모든 것을 희망할 수 있다"라고 했다. 희망은 누구에게나 무한대란 얘기다. 그런데 그 희망, 야망이 결실을 이루려면 간절해야 한다. 그것을 우리는 갈망이라 부른다.

그리스 신화에 피그말리온 이야기가 나온다. 조각가 피그말리온이 멋진 여인상을 제작했는데 너무나 아름다운 나머지 그녀와 사랑에 빠지게 되었다. 애틋하게 말을 걸고 값비싼 목걸이를 선물하는 등 애써 구애했지만 대리석으로 된 여인은 차갑기만 하고 아무 반응이 없었다.

애를 태우던 피그말리온은 미의 여신 아프로디테를 찾아가 사랑하는 여인에게 생명을 달라고 간곡히 기도했다. 그 사랑과 기도가 얼마나 간절했던지 아프로디테는 그의 소원을 들어주었고, 결국 그녀와 결혼해 행복하게 살았다는 이야기다.

피그말리온 신화는 무엇인가 간절히 원하면 신의 마음도 움직일 수 있다는 이야기다. 소설 〈연금술사〉의 저자 파울로 코엘류는 간절한 마음이 우주의 도움을 이끌어 낼 수도 있다고 했다. 여러분 생각은 어떤가. 실제로 신이나 우주의 도움을 이끌어 낸다기보다는 이루고 싶은 마음이 워낙 강렬하기에 아주 열심히 노력한 결과 기적이 일어난다는 뜻 아닐까.

성공학 전도사 나폴레온 힐은 갈망이 성취의 시작이라 했으며, 스티브 잡스도 항상 갈망하라고 조언했다. 누구나 무언가 이루려고 갈망하면 현재의 결핍 때문에 하는 일에 열정이 불타오르게 된다.

나아가 우리가 야망을 가질 경우 그것을 이루는 데 필요한 신념을 키울 수가 있다. 신념은 우리가 원하는 것을 이루게 해주는 강력한 힘이다. 성공의 비결은 외부에 있는 것이 아니라 우리 내부, 즉 마음 한가운데에 있다. 재능이 다소 부족하더라도 신념이 옹골차면 얼마든지 헤쳐나갈 수 있다. 마음속의 장애물을 어렵지 않게 걷어낼 수 있기 때문이다.

어떤 목표를 향해 나아갈 때 신념이 확고하지 않으면 중도에 주저앉을 가능성이 있다. 우리의 모든 행동은 신념의 결과물이기 때문이다. 신념은 우리의 생각을 행동으로 연결해주는 추진체 역할을 한다.

야망과 신념은 젊음의 전유물이 아니다. 40대, 50대, 아니 노인이면 또 어떤가. 뒤늦게 주식 공부를 해서 큰 부를 쌓을 수도 있고, 골프를 배워 싱글 골퍼가 될 수도 있다. 글쓰기나 그림 공부를 해 유명한 작가, 화가가 될 수도 있다.

03
새처럼 하늘을 나는 릴리엔탈의 상상
• 상상할 수 있는 모든 것은 실현 가능하다. 당장 행동에 옮겨보라 •

상상력에 관한 명언

> 상상력은 지식보다 중요하다.
> 지식은 한계가 있지만
> 상상력은 세상의 모든 것을 끌어안는다.
> _알베르트 아인슈타인
>
> 상상력은 창조의 출발점이다.
> 당신이 원하는 것을 상상하고,
> 상상하는 것을 행동에 옮겨라.
> 그러면 결국 그것을 창조하게 된다.
> _조지 버나드 쇼
>
> 누구나 최소한 일 년에 한 번쯤은 천재적인
> 생각을 하게 된다. 진정한 천재는 기발한 생각을
> 보다 자주 떠올릴 뿐이다.
> _게오르크 리히텐베르크

비행기 하면 퍼뜩 미국 라이트 형제가 떠오르지만 더 앞선 사람이 있었다. 독일 항공학자 오토 릴리엔탈. 1891년 행글라이더 시대를 활짝 연 사람이다.

그는 상상력이 풍부한 소년이었다. "사람도 새처럼 하늘을 날 수는 없을까?" 새는 공기보다 무거우면서도 잘 날아다니는데 왜 사람은 날 수 없을까?" 그는 새, 특히 황새를 유심히 관찰했다. 황새 특유의 비상 자세를 관찰하다 날갯짓의 공기 역학을 과학적으로 연구하기 시작했다.

끈질긴 연구와 실험 끝에 그는 글라이더 개발에 성공했다. 공기보다 무거운 물체는 하늘을 날 수 없다는 상식을 깨고 자신의 몸이 실린 글라이더를 하늘에 띄울 수 있게 되었다. 이는 먼 곳 라이트 형제의 상상력을 자극해 동력 비행기를 개발하게 만들었다. 유인 비행기 시대는 이렇게 시작되었다.

상상력은 우리 인생에서 현재와 미래의 간격을 좁혀준다. 삶의 더 나은 미래를 여는 데 강력한 힘을 발휘한다. 과학이나 예술, 문학을 하는 사람들에게 특히 중요하다. 나는 "상상할 수 있는 모든 것은 실현 가능하다"라고 설파한 파블로 피카소의 말에 특별히 박수를 보내고 싶다. 찬란한 미래를 꿈꾸는 청년들에게 이처럼 힘 솟게 하는 말이 또 있을까.

상상력이 중요한 이유는 그것이 창의력의 밑거름 역할을 하기 때문이다. 상상력과 창의력은 가까운 사촌쯤 된다고 보면 된다. 창의력을 통한 각종 아이디어 발굴은 우리 인생을 값지게 해준다. 사업을 하든 직장 생활을 하든 창의적인 마인드는 더없이 중요하다. 번뜩이는 아이디어가 때를 만나면 돈과 권력과 명예를 한꺼번에 얻을 수도 있다.

상상력과 창의력은 배움을 통해 길러지는 경우가 많다. 배움이 뒷받침되지 않은 상상력은 자칫 망상으로 흐를 수도 있다. 나는 상상력을 기르는 배움의 수단으로 독서와 여행을 꼽는다. 책에서는 인간의 통찰을 만날 수 있고, 여행 중에는 자연의 지혜를 배울 수 있기 때문이다.

그런데 우리나라 교육 환경은 상상력, 창의력과는 한참 거리가 멀다. 과거에 비해 많이 나아졌다지만 여전히 토론 문화는 미성숙 단계이며, 주입식 교육이 대세다. 구태의연한 수학능력시험 유형을 보면 알 수 있다. 철학적 사유 능력을 평가하는 프랑스 바칼로레아와 비교하면 여전히 암기식에서 벗어나지 못하고 있다.

논리력은 나이가 들수록 발달하지만 상상력과 창의력은 점차 퇴보한다고 한다. 조기교육이 중요한 이유다. 젊은 부모들의 역할이 긴요하다는 뜻이기도 하다. 아인슈타인은 손녀한테 이런 질문을 했다고 한다. "개미와 같은 작은 곤충이 축구공 위에 앉아있을 때 과연 개미는 공이 둥글다는 사실을 쉽게 알 수 있을까?" 모르긴 해도 아인슈타인 자신도 어릴 적 이런 상상을 하며 자랐을 것이다.

상상력과 창의력은 부지런함에서 비롯되는 측면도 있다. 치열하게 공부하거나 일하는 과정에서 좋은 아이디어가 떠오를 것이기 때문이다. 적절하게 모방만 잘 해도 멋진 창조물이 나올 수 있다지 않은가.

상상력은 결코 위인들의 전유물이 아니다. 누구나 크든 작든 상상력의 도움을 받아 스스로 정진해 나갈 수 있다. 예를 들어 10년 뒤 능력 있는 변호사 되겠다, 제법 인기 있는 연예인이 되겠다, 식스팩이 멋있는 유명 트레이너가 되겠다고 상상해 보자. 상상만으로도 행복하지 않은가.

04

나폴레옹과 베조스, 누가 더 용감한가

• 젊은 날의 매력은 꿈을 갖고 무언가 저지르는 것 •

용기에 관한 명언

미래는 여러 가지 이름을 갖고 있다.
약자들에게는 도달할 수 없는 것,
겁 많은 자들에게는 미지의 것이다.
그러나 용감한 자들에게는 기회이다.
_빅토르 위고

진정한 용기는 두려움이 없는 상태가 아니라
두려움에도 불구하고 행동하는 것이다.
_요한 볼프강 폰 괴테

거의 모든 결정은
아무런 결정을 하지 않는 것보다는 낫다.
운명의 사슬은 한 번에 한 고리씩만 다룰 수 있다.
_브라이언 트레이시)

나폴레옹은 예나 지금이나 용기의 상징이다. '내 사전에 불가능이란 단어는 없다'란 어록 때문인지 모르겠다. 역사적으로 프랑스의 위상을 드높인 영웅으로 칭송받는가 하면, 온 유럽을

혼란에 빠트린 전쟁광이란 비판을 받기도 한다. 어느 쪽이든 용기에 불타는 인물이었음은 틀림이 없다.

나폴레옹은 지략과 용기로 혁명 공화국까지 뒤엎고 황제 자리에 올랐다. 평생 그의 가슴엔 '하자, 하면 된다'라는 신념이 자리 잡고 있었을 것이다. 황제 자리를 되찾기 위해 유배지 엘바섬을 탈출해 다시 파리로 향할 때도 마찬가지였을 것이다. 그런 결정을 할 때 두려움이 얼마나 컸을까.

용기는 두려움과 고통을 먹고 자란다. 용기 있는 행동을 앞두고 두려움을 갖는 것은 불가피하며, 실패할 경우 그에 따른 고통을 감내하지 않으면 안 된다. 괴테는 두려워도 행동하라 했고, 마크 트웨인은 두려움에 저항하라고 했다. 자기 인생에서만큼은 모든 게 자신이 주인공이므로 스스로 결심하고 결단하는 게 중요하다.

혁신 기업 아마존닷컴을 일궈낸 제프 베조스의 용기는 나폴레옹에 결코 뒤지지 않는다. 그는 뉴욕 월가의 증권맨이었다. 젊은 나이에 연봉 100만 달러를 받는 잘나가는 직장인이었다. 어느 날 그는 '앞으로 인터넷 이용자가 매년 23배씩 증가할 것'이란 뉴스를 접하고 인터넷 사업을 결심했다.

거액의 스톡옵션을 거론하며 퇴직을 만류하는 사장에게 그는 이렇게 말했다. "사실 매우 두렵습니다. 하지만 80세가 되었을 때 과연 무엇을 후회할 것인가를 생각해보았습니다. 스톡옵

션이냐, 새로운 도전이냐. 아마 저는 도전하지 못한 것을 더 후회할 것 같습니다." 결국 베조스는 현실 안주 대신 열정이 이끄는 길을 택했다. 곧바로 인터넷에 책부터 팔기 시작했다.

평생 두려움에 떨며 겁쟁이로 살지, 승리의 깃발을 들고 힘찬 발걸음을 내디딜지는 전적으로 자신의 선택에 달렸다. 평범한 사람도 성공해서 비범한 사람이 될 수 있다. 단 조건이 있다. 자신감과 용기를 갖는 것이다. 자신감을 잃으면 주변은 온통 적이 된다.

베조스도 오늘이 있기까지 실패를 거듭했다. 하지만 그는 굴복하지 않고 혁신 경영에 승부를 걸었다. '실패할 용기'를 가져야 한다고 스스로를 채찍질했다. "실패에 적극적이지 않고는 혁신적일 수 없다. 왜냐하면 적극적인 의지가 있어야 무언가 바꿀 수 있기 때문이다."

용기는 도전 정신과 돌파 능력을 잉태한다. 도전의 사전적 의미는 '정면으로 맞서 싸움을 겖'이다. 인생에서 싸움을 걸라니, 힘든 일이긴 하다. 싸우지 않고 편안하게 살 수는 없을까. 당연히 가능하다. 하지만 목표를 이루고자 시도조차 해보지 않고 포기하는 것은 아무래도 불행한 일이다. 베조스가 아니더라도 나이 들어 후회할 가능성이 적지 않다.

용기는 아무리 써도 바닥을 드러내지 않는 법이다. 나폴레옹은 죽는 날까지 용기를 잃지 않았다. 시인 로버트 프로스트의

'가지 않은 길'은 그가 실의에 빠져있던 20대 중반에 쓴 시다. 둘로 갈라진 길 중에 사람들이 적게 간 길을 갔더니 모든 것이 바뀌었다는 시인의 통찰, 역시 젊음은 도전이다.

미래학자 엘빈 토플러는 "젊은 날의 매력은 역시 꿈을 위해 무엇을 저지르는 것"이라고 했다. 말이 그렇지 저지르기만 해서야 되겠는가. 시인 랠프 왈도 에머슨의 말을 들으면 걱정할 것이 없다. "여러분이 결정을 내리면 우주가 몰래 힘을 모아 결정된 사항을 실현시킨다."

05

한겨울 밤의 연탄, 그리고 정주영

● 열정은 마법이다. 경주마는 절대 곁눈질하지 않는다 ●

열정에 관한 명언

> 세상을 바꿀 수 있다고 생각할 만큼
> 정신 나간 사람들은 실제로 세상을 바꾼다.
> _스티브 잡스
>
> 성공이란 열정을 잃지 않고
> 실패를 거듭할 수 있는 능력이다.
> _윈스턴 처칠
>
> 하늘은 태만하게 보냈던 현재의 삶을
> 만회하도록 두 번째 삶을 허락하지 않는다.
> _토머스 제퍼슨

"연탄재 함부로 발로 차지 마라 / 너는 / 누구에게 한 번이라도 뜨거운 사람이었느냐."

안도현의 이 짧은 시를 접할 때마다 나는 희생이나 이타적인 모습에 더해 열정적인 삶을 떠올린다. 학창시절 자취할 때 한겨울 온돌방을 데워주던 연탄불을 생각하면 그 뜨거운 열기가 제철소 용광로에 다름 아니다. 두 손에 쏙 잡히는 500원짜리 19공탄 하나가 온 방을 따뜻하게 해 준다. 동지섣달 기나긴 밤이 훤히 샐 때까지 활활 타오른다.

열정은 열기, 열심, 열중, 7전8기, 불사조를 연상케 한다. 성공을 추구하는 길에 반드시 필요한 요소이다. 많은 사람이 성공 요인으로 재능을 중요하게 꼽지만 열정이 뒷받침되지 않으면 크게 이루기 어렵다. 열정이 인생사 최고의 경쟁력이라고 규정한 잭 웰치의 말에 나는 전적으로 공감한다.

현대그룹을 일궈낸 정주영은 열정이 무엇인지 온몸으로 보여준 사람이다. 가난한 농민의 아들이 쌀장사부터 시작해 자동차 수리공장, 건설업 등으로 사업을 확장해 나간 과정을 들여다보면 '시련과 극복'의 연속이었다. 거듭된 실패에도 굴하지 않고 '하면 된다'는 자신감을 바탕으로 평생 열정적인 삶을 살았다.

1950년대 현대건설의 '낙동강 고령교' 건설사업이 대표적인 예다. 기술력 부족과 홍수, 인플레이션으로 난제가 겹쳤으나 결코 좌절하지 않았다. 주위 사람들이 모두 "정주영은 끝났다"고 했으나 기어코 완공시키고야 말았다. 공사 납기를 거의 맞추어냈으며, 큰 손해를 보았지만 당국으로부터 신뢰를 얻을 수 있었다. 이것이 비약적 발전의 초석이 되었다.

정주영은 80대 노인이 되어서도 열정적 기업인의 전형을 보여줬다. 김대중 정부 시절 대북 햇볕정책을 전 세계에 알리겠다며 두 차례에 걸쳐 판문점을 통해 소 500마리씩 북한으로 실어 나르는 기상천외의 이벤트를 창출해냈다. 이를 계기로 북한 지도자 김정일을 직접 만나 현대아산이 금강산 사업을 따낼 수 있도록 했다.

열정은 마법 같은 것이다. 누구에게나 열정이라는 자양분이 공급되면 능력이 배가되고 희한하게도 행운까지 뒤따른다. 소설 〈돈키호테〉 저자 세르반테스가 "행운의 어머니는 열정과 부지런함"이라고 강조한 이유 아닐까 싶다. 남이 한 번 할 때 열 번을 하고, 남이 열 번 할 때 백 번을 하면 승리는 따 놓은 당상이다. '적당히'라는 그물에서 당장 뛰쳐나오는 것이 무엇보다 중요하다.

경마장에서 전력 질주하는 경주마는 함께 뛰는 말을 곁눈질하지 않는다는 말이 있다. 다른 말이 어떻게 뛰고 있는지 살피기보다 자신이 최선을 다해 속력을 최고도로 높이는 게 더없이 중요하기 때문이다. 평소 경주 실력이 더 좋은 말이라도 열정을 다해 뛰지 않으면 다른 말을 이길 재간이 없다.

나이 서른, 마흔만 되어도 '이 나이에 무얼 하겠어'라며 열정이 식어버린 사람들을 종종 본다. 안타까운 일이 아닐 수 없다. 그들은 나이가 들었기에 열정이 식었다기보다, 열정이 식어버렸기에 스스로 나이 들었다는 느낌을 갖는 것이다. 제 발로 게으름뱅이가 되는 것이다.

  중동의 성자 칼릴 지브란은 저서 〈예언자〉에서 게으름에 대해 이렇게 말했다. "게으름 피우는 것은 계절의 바뀜도 모르고 무한을 향해 당당하고 자연스럽게 순응하며 행진하는 생명의 행렬에서 낙오하는 것이다." 문장은 아름답지만 가르침은 섬뜩하다.

06
우물쭈물 살았다는 버나드 쇼의 9전 10기
• 인생은 장거리 경주. 자기 자신을 믿고 고통을 감내하라 •

인내심에 관한 명언

> 배짱과 끈기에는 마법과 같은 신비한 힘이 있다.
> 그 어떤 어려움이나 훼방도 눈앞에서
> 사라지게 하는 것은 배짱과 끈기이다.
> _존 퀸시 애덤스
>
> 나는 실패하지 않았다.
> 안 되는 방법 1만 가지를 찾아냈을 뿐이다.
> _토머스 에디슨
>
> 나를 목표로 인도해 준 비밀을 알려주겠다.
> 내 강점은 순전히 집요함이다.
> _루이 파스퇴르

"10번 시도하면 9번 실패했다."

아일랜드 출신 극작가이자 비평가 조지 버나드 쇼의 고백이다. 노벨 문학상까지 받은 거인이지만 그의 청년기는 실패와 좌절의 연속이었다. 소설을 써서 출판사에 들고 가면 거절당하기 일쑤였다. 이곳 저곳 잡지에 기고해도 반응은 영 신통찮았다.

말 그대로 9전10기, 희곡으로 방향을 틀고서야 명성을 얻기 시작했다. 노벨상을 받게 한 작품은 60대 후반에야 발표된 것이다. 실패에 굴하지 않는 인내심, 도전 정신이 그를 만든 셈이다. 쇼는 94세까지 장수했으며, '우물쭈물하다 내 이럴 줄 알았다'는 묘비명을 남긴 것으로 유명하다. 평생 인내와 도전의 삶을 살고도 우물쭈물 살았다니….

발명왕 토머스 에디슨의 일생도 인내심을 빼고는 설명하기 어렵다. 호기심과 상상력, 창의력이 타고난 사람이지만 거듭된 실패에 굴하지 않고 버티는 인내심 또한 남달랐다. 그는 백열전구를 개량해 상용화하고자 적합한 필라멘트를 구하기 위해 1만 번 가까이 실험을 거듭했다고 한다.

무언가를 성취하는 데 재능이 중요하지만 목표를 향해 뚜벅뚜벅 걸어가는 인내심이 더 중요할 수도 있다. '토끼와 거북' 우화처럼 말이다. 에디슨도 "천재는 1%의 영감과 99%의 노력으로 이루어진다"고 말하지 않았던가. 여기서 노력은 인내를 가리킨다.

그런데 인내는 자신과의 싸움이다. 남이야 무슨 소리를 하든 자신감이 차 올라야 분투하는 인내력이 생긴다. 여기서 중요한 사실은 목표와 계획을 명확히 할 필요가 있다는 것이다. 그래야 성취 의욕이 충만해지기 때문이다.

그런 점에서 성공학 전도사 나폴레온 힐의 지침은 유용해 보인다. '인내력을 습관으로 몸에 익히기 위한 4가지 원칙'이 그것이다.

> 불타는 소망이 뒷받침된 명확한 목표를 정하라.
> 명확한 계획을 세워 한 걸음 한 걸음 실천해 나아가라.
> 부정적인 요소, 즉 방해가 되는 의견을 조속히 털어내라.
> 목표와 계획에 찬성하며 용기를 북돋워주는 친구를 사귀어라.

인내는 거의 필연적으로 고통을 수반하기에 말처럼 쉽지는 않다. 불행을 용기 있게 견뎌내야 한다. 장 자크 루소는 명시적으로 "인내는 쓰고 그 열매는 달다"라고 했다. 중국 고사성어 고진감래 苦盡甘來와 상통하는 말이다. 열매, 혹은 단것을 취하기 위해 일정 기간 고통을 참아내지 않으면 안 된다는 뜻이다. 고통의 기간을 버티지 못하고 주저앉아 버리면 삶이 힘들어진다.

하지만 우리네 인생이 100미터, 200미터 같은 단거리 경주가 아님을 안다면 참는 게 마냥 힘든 것만은 아닐 수 있다. 타고난 재능이나 순발력, 민첩성이 부족하면 인생 초반이 조금 고통스러울 것이다. 하지만 인생은 오래달리기나 마라톤에 해당되기에 그런 고통을 상쇄시킬 수 있는 기회는 얼마든지 있다.

인내심의 효능은 무궁무진하다. 그것은 당면한 목표를 달성하기 위해 끊임없이 도전하는 작위作爲뿐만 아니라 그저 참고 견디는 부작위도 포함한다. 자녀의 뒤처진 성장을 느긋하게 기다려주는 부모의 여유, 시어머니 닦달에 대꾸하지 않고 꾹 참아 넘기는 며느리의 지혜가 여기에 해당된다.

철학자 버트런드 러셀의 통찰이다. "참을성이 적은 사람은 그만큼 삶에 약한 사람이다. 겨울을 참고 기다린 나무가 봄에 새순을 틔우듯 참고 기다리는 힘이 없으면 광명을 얻기 힘들다."

07
사랑과 처자식 중 어느 것을 남길 것인가

● 자기 자신을 획기적으로 바꾸지 않으면 살아남지 못한다 ●

자기혁신에 관한 명언

누구나 세상을 바꿀 생각을 하면서도
자기 자신을 바꿀 생각은 하지 않는다.
_레프 톨스토이

살아남은 종은 가장 강하거나
가장 영리한 종이 아니라
변화에 가장 잘 적응하는 종이다.
_찰스 다윈

'나는 변화를 원하는가'라는 질문은 무가치하다.
'변해서 무엇이 되고 싶은가'와 '어떻게 그렇게
될 수 있는가'라는 질문만이 진정한 질문이다.
_스티븐 호킹

일신우일신 日新又日新, 날마다 새로워지고 또 새로워져야 한다는 뜻이다. 중국 은나라 탕왕이 대야에 이 글귀를 새겨놓고 매일 아침 세수할 때마다 마음에 새겼다고 한다.

옛사람들도 새로워짐과 혁신을 무척 중시했나 보다. 개인이든 조직이든 끊임없이 새로운 모습으로 탈바꿈해야 발전이 있다는 사실을 터득한 것이다. 온고이지신溫故而知新과 법고창신法古創新도 비슷한 의미라 생각된다.

헤르만 헤세의 소설 〈데미안〉의 이 구절을 음미해보자. "새는 알에서 나오려고 투쟁한다. 알은 세계이다. 태어나려는 자는 하나의 세계를 깨트려야 한다. 새는 신에게로 날아간다." 누구나 새로운 세상, 더 나은 세상으로 나아가기 위해서는 현재의 보금자리를 박차고 나가야 한다는 뜻이겠다. 지금이 최선이라는 생각을 깨고 넓디넓은 새로운 세상을 개척해 나가야 한다는 메시지다.

인생을 살면서 남보다 조금이라도 앞서 나가려면 자기 혁신의 노력을 기울이지 않으면 안 된다. 특히 초고속 인터넷 시대를 사는 요즘 끊임없이 변화하지 않으면 도태되기 십상이다.

부모한테 물려받은 사고방식과 학창 시절 배운 지식의 잣대로 세상을 재단하려다 난감한 상황을 맞이하는 사람을 우리는 숱하게 본다.

나는 왜 성공하지 못하는가, 나는 왜 경쟁에서 밀리는가. 이런 생각이 든다면 불평불만을 토로할 게 아니라 자신을 새롭게 하고자 노력하고 있는지 되돌아볼 필요가 있다. 운명은 자기 스스로 개척해 나가야 한다. 현 상황을 개선하려는 의지를 갖고 자신의 부가가치를 높이고자 꾸준히 정진하는 수밖에 없다.

자기 혁신이 말처럼 쉬운 일은 아니다. 변화에 대한 두려움과 현실의 안일함이 맞물려 있기 때문이다. 누구에게나 익숙하지 않은 선택은 불편하기 마련이다. 현재에 만족하지 않고 새로운 미래를 창조하려면 싫어도 반드시 해야 하는 것이 혁신이다. 자기만의 정보 네트워크를 가동해 새로운 지식과 창의성을 길러야 하고, 자기만의 색깔, 독창성을 부각시켜야 한다.

천재 화가 파블로 피카소는 혁신의 예술 인생을 살았다. 초기에는 음울하고 고독한 느낌의 화풍이었으나 오래지 않아 감상적이고 로맨틱한 화풍으로 변신했다. 그는 당시 유명세가 대단했던 모네, 르누아르 같은 인상파 화가들의 그늘에 머물지 않고 독특한 입체주의 미술 양식을 창안해냈다.

피카소는 회화뿐만 아니라 도기 제작과 조각에서도 끊임없이 새로운 기법을 선보였다. 그가 현대 미술사의 흐름을 획기적으로 바꾸는 업적을 남긴 데는 전적으로 혁신 의지에 기인한 것이다.

스티븐 호킹은 내가 변화를 원하는지 스스로 물어보는 것조차 무의미하다고 했다. 자기 혁신에 관한 한 무엇을(What to do)과 어떻게(How to do)만 생각하고 무조건 바꾸라고 주문한 것이다. 볼테르는 사랑 이외엔 모든 걸 바꾸라 했고, 이건희는 처자식 빼고 다 바꾸라고 했다. 유럽 계몽주의 철학자와 한국 최고 기업가다운 말이다. 공통점은 변화를 획기적으로 시도하라는 조언이다.

혁신이라고 해서 반드시 대단한 것만 생각할 일은 아니다. 이건희의 조언은 극단적인 상황을 언급한 것이다. 모두가 산티아고 길을 순례하며 거창하게 구상해야 하는 것도 아니다. 새로워질 준비가 되어 있는지 스스로에게 물어보다 보면 쉽게 답을 찾을 수도 있다.

아무렴 자기 한 사람 바꾸는 게 세상을 바꾸는 것보다 힘들기야 하겠는가. 누구나 마음만 먹으면 가능하다.

08
인간관계, 배려하면 무조건 좋아진다
● 솔직하게 진심으로 인정하고 칭찬하라. 그리고 웃어라 ●

인간관계에 관한 명언

> 사람의 가치는 타인과의 관계로서만
> 측정될 수 있다.
> _프리드리히 니체
>
> 다른 사람을 대할 때 그 사람의 몸도
> 내 몸같이 소중히 여겨라. 그리고 다른 사람에게
> 바라는 일을 내가 먼저 그 사람에게 베풀어라.
> _공자
>
> 남과의 사이가 좋지 못할 경우
> 책망받아야 할 사람은
> 남이 아니라 바로 당신 자신이다.
> _레프 톨스토이

인간관계는 이 세상에서 가장 중요하면서도 가장 어려운 문제다. 인간은 사회적, 정치적 동물이어서 남과 더불어 살지 않으면 안 된다. 가족, 연인, 친구 같은 개인뿐 아니라 학교, 직장,

군대 같은 조직과도 관계를 맺고 살아야 한다. 그 관계가 원활하면 삶이 편하고 행복하겠지만 그렇지 않을 경우 매사가 힘들고 불행해진다.

로마 철학자 키케로는 "행복의 90%는 인간관계에 달려있다"라고 했다. 가정생활, 직장생활, 사회생활이 모두 인간관계로 이뤄지기 때문에 어쩌면 당연하다 하겠다. 가정생활만 해도 부부간, 자녀간, 부모자녀간 관계의 좋고 나쁨에 따라 행복과 불행이 갈린다. 직장이나 사회에서의 인간관계는 사회적 성공 여부를 결정짓게 된다.

인간관계는 가급적 친구를 많이 만들고 적을 만들지 않는 지점에서 시작된다. 20세기 최고의 인간관계 연구자 데일 카네기는 저서 '인간관계론'에서 '사람을 다루는 기본 방법'으로 다음 3가지를 제시했다.

비판하거나 비난하거나 불평하지 않는다.
솔직하게 진심으로 인정하고 칭찬한다.
다른 사람에게 열렬한 욕구를 불러일으킨다.

그는 또 '사람들이 당신을 좋아하도록 만드는 6가지 방법'을 다음과 같이 정리했다.

다른 사람에게 진심으로 관심을 가져라.

웃어라.

상대방의 이름은 그에게 있어 모든 말 중에 가장 달콤하고 중요한 말로 들린다는 점을 명심하라.

잘 듣는 사람이 되어라. 다른 사람들이 자신에 대해 이야기하도록 만들어라.

다른 사람의 관심사에 맞춰 이야기하라.

다른 사람으로 하여금 자신이 중요한 사람이라고 느끼도록 만들어라.

이 모든 것을 한마디로 축약하면 '타인에 대한 배려와 존중' 아닐까 싶다. 가족이든 연인이든 친구든 직장 동료든 상대방을 배려해서 생각하고 말하고 행동하면 관계가 좋아질 수밖에 없다. 위에 소개한 공자의 가르침이 바로 그것이며, 기독교 황금률을 포함해 다른 종교에서도 이를 비중 있게 다루고 있음은 우연이 아니다.

또 한 가지 중요한 점은 대인관계가 원만하지 않을 경우 그 책임이 대부분 본인에게 있다는 것이다. 그런데 사람들은 이를 간과한 채 살아간다. 사이가 좋지 않으면 상대방의 인간 됨됨이를 욕하고, 다수와 좋지 않을 경우 세상을 원망하기 일쑤다.

자신이 반성하고 고치면 간단히 풀릴 문제를 상대방 책임으로 떠넘기다 보니 해결점을 찾지 못하고 관계가 더 악화되는 모습을 우리는 흔하게 볼 수 있다. 그래서 나쁜 인간관계는 타인의 거울에 비친 자신의 일그러진 얼굴인 셈이다. 나쁜 관계가 드리워지는 즉시 가슴에 손을 얹고 반성해 봐야 하는 이유다.

반대로 자존감이 지나치게 낮을 경우 다른 사람들로부터 이유 없이 무시당해 관계 악화를 초래하는 경우도 종종 있다. 맹자의 통찰이 돋보인다. "사람은 반드시 스스로를 업신여긴 후에 남이 그를 업신여기며, 집안도 반드시 스스로 비방한 후에 다른 사람들이 그 집을 비방하며, 나라도 반드시 스스로 공격한 후에 다른 나라가 그 나라를 공격한다." 자기 비하를 경계해야 한다.

인간관계에서 우리가 조금만 생각하면 '누이 좋고 매부 좋은' 상황을 만들 수 있다. 마크 트웨인이 명쾌하게 짚어준다. "자신의 기운을 북돋울 수 있는 가장 좋은 방법은 다른 사람의 기운을 북돋워주는 것이다." 남을 띄워주면 감사 인사까지 들으면서 나도 함께 뜰 수 있다는 뜻이다.

09
'소크라테스 형'이 멋있게 보이는 이유

● 젊은 시절에 얻는 지식은 미래를 여행할 수 있는 여권이다 ●

공부에 관한 명언

배우고 때에 맞춰 익히니 또한 기쁘지 아니한가.
_공자

스무 살이건 여든 살이건
배움을 멈추는 사람은 늙은이다.
계속 공부하는 사람은 나이와 상관없이 젊은이다.
_헨리 포드

지성은 권태를 제압하고 내적인 풍요를 가져온다.
가장 고귀한 행복은
인격에 바탕을 둔 지적 활동이다.
_아르투어 쇼펜하우어

나는 소크라테스가 즐겨 말했다는 '너 자신을 알라'란 표현을 무척 좋아한다. 그의 말 '나는 내가 아무것도 모른다는 것을 안다'는 구절도 역시 좋아한다. 공부, 즉 지식을 얻는 활동은 자기 자신의 무지無知를 인식하는 지점에서 출발해야 한다는 철학자의 통찰이 진하게 와 닿아서다. 그의 지적 겸손은 더더욱 좋다. 나도 나훈아처럼 편하게 '테스 형'이라 부르고 싶어진다.

나이 들면서도 여전히 이 말이 좋게 들리는 건 아마 불변의 진리이기 때문일 것이다. "내가 아는 것이 너무도 적구나. 터득할 수 있는 지식이 저렇게도 많은데 뭘 하고 살았던가. 지금부터라도 쉼 없이 배우고 익혀야겠다." 멋쟁이 소크라테스의 가르침을 따르겠다는 다짐을 요즘 자주 하게 된다.

철학자 프랜시스 베이컨의 말을 빌리지 않더라도 인생에서 아는 것이 힘인 것은 분명한 사실이다. 누구에게나 아는 것만큼 보이는 법이다. 지식 습득을 통해 생각의 계단을 높이 쌓을수록 성공 가능성은 높아진다. 인간의 능력이 지식과 정확히 일치한다는 베이컨의 생각에 나는 동의한다.

그렇다면 공부는 어릴 적부터 부단히 하지 않으면 안 된다. 공부가 인생의 전부는 아니라고 말하는 사람도 있지만 조금 무책임해 보인다. 주자는 "소년은 쉽게 늙고 학문은 이루기 어렵다. 순간순간의 세월을 헛되이 보내지 말라"라고 했다. 영국 작가 로저 에스컴은 "학습으로 1년 동안 배울 수 있는 게 경험으로 20년 동안 배우는 것보다 더 많다"라고 했다. 때를 놓치지 말고 공부하라는 가르침이다.

그러나 우리 학생들에게 공부는 노동이다. 미래의 행복한 삶을 준비한다지만 당장의 즐거움을 상당 부분 반납하지 않으면 안 된다. 고통으로 인식하는 학생도 적지 않다. 하지만 아는 것이 힘이고, 그 앎을 터득하는 여정에 지름길이 없다는데 어찌하겠는가.

젊은 시절에 얻는 지식은 미래를 멋지게 여행할 수 있는 여권이다. 현재를 제대로 즐기는 것도 중요하지만 행복한 미래를 위해 시간과 노력을 투자하는 것은 현명한 일임에 틀림없다. 하버드대 중앙도서관에 이런 문구가 붙어있다고 한다. "지금 잠을 자면 꿈을 꾸지만 공부를 하면 꿈을 이루게 된다."

다행히 공부는 배신하는 법이 없다. 투자하는 시간과 노력의 크기만큼 결실을 얻을 수 있다. "힘들지 않고 열리는 열매는 없다"라고 한 이해인 수녀의 시적 표현도 같은 맥락이지 싶다.

공부는 혼자 하는 것도 중요하지만 더불어 하는 것 또한 유용하다. "만나는 사람 모두에게서 무엇인가를 배울 수 있는 사람이 세상에서 가장 현명하다." 탈무드의 가르침이다. 열심히 공부하는 사람과 어울리면 유익하다는 조언도 있다. 빌 게이츠는 "공부벌레들에게 잘 해야 한다. 나중에 그 사람 밑에서 일하게 될 수도 있다"라고 했다. 천재 사업가다운 실리적 발상이다.

공부는 나이와 상관없이 평생 해야 한다. "공부하지 않으면 영혼이 병든다"는 세네카의 말을 나는 믿는다. 공부에는 묘한 즐거움이 있다. 논어의 맨 첫 문장으로 '공부하는 기쁨'이 선택된 의미를 되새겨봐야겠다. 누구나 지식을 좇는 삶을 추구하면 인생이 한층 아름다워진다. 지식은 경험을 통해 그 뜻이 더욱 깊어지기 때문이다.

그래서 요즘 버트런드 러셀의 말이 새삼 멋있게 들리는가 보다. "좋은 삶이란 사랑이 주는 영감을 받고 지식에 이끌리는 삶이다."

10
지식이 호구지책이면 지혜는 인생지책

• 지식은 과거, 지혜는 미래. 지혜는 겸손해야 생긴다 •

지혜에 관한 명언

> 과학은 조직화된 지식이며,
> 지혜는 조직화된 인생이다.
> _임마누엘 칸트

> 절대로 지식을 지혜로 착각하지 말라.
> 지식은 호구지책이요, 지혜는 인생지책이다.
> _샌드라 케리어

> 지혜는 받는 것이 아니다.
> 우리는 그 누구도 대신해 줄 수 없는 여행을 한 후
> 스스로 지혜를 발견해야 한다.
> _마르셀 프루스트

'지혜'란 이름을 가진 여성이 참 많다. 30대 초중반 나이에 특히 많다. 의미가 좋다며 한때 경쟁적으로 작명했기 때문이다.

실제로 지혜는 무척 좋은 뜻을 갖고 있다. 사전적으로는 '사물의 이치를 빨리 깨닫고 사물을 정확하게 처리하는 정신적 능

력'을 가리킨다. 통찰, 안목, 명철, 현명, 예지, 슬기를 연상케 하는 낱말이다. 우리가 세상을 살아가는 데 아주 유용한 덕목이라 하겠다. 토머스 아퀴나스가 지혜를 모든 덕목의 아버지라고 설파한 게 조금도 이상하게 들리지 않는다.

지혜는 동서양의 각종 신화, 종교, 철학에서 최상의 대접을 받았다. 그리스 신화에서 지혜를 의인화한 신은 아테나와 메티스다. 특히 아테나의 경우 그리스인들에게 최고의 신 제우스에 버금갈 정도로 존중을 받았다. 신기술이나 발명품은 모두 지혜의 신 아테나에 의해 생겨난 것으로 인식되었다.

기독교 성경에는 지혜와 관련된 스토리가 많이 나온다. 특히 구약의 잠언, 욥기, 코헬렛, 집회서, 지혜서 등에는 지혜를 가진 사람이 최종적으로 승리한다는 메시지가 소개되어 있다. 불교도 다르지 않다. 핵심 경전인 반야바라밀다심경을 보면 보살이 열반에 이르기 위해 실천해야 하는 덕목 중 가장 중요한 게 지혜라고 가르친다.

철학도 마찬가지다. 철학의 영어 표현 'Philosophy'는 지혜를 사랑한다는 의미를 갖고 있다. 인간이 영혼을 잘 가꾸는 것은 지혜를 사랑하는 것을 뜻하며, 이게 바로 철학하는 것이란다. 유대인들에게 삶의 경전이라 할 탈무드에는 5000년 동안 축적된 그들의 지혜가 고스란히 담겨있다.

지혜는 지식과 비교되기에 그 의미가 더 빛난다. 현인들은 우리 삶에서 지혜가 지식보다 훨씬 유용하다고 본다. 지혜는 지식에다 판단력과 예측력을 더한 개념이다. 지식을 아무리 많이 쌓아도 지혜로운 사람이 된다는 보장은 없다. 현상에 대한 판단력과 미래에 대한 정확한 예측, 공감 능력을 겸비해야 지혜로운 사람이 될 수 있다. 지식이 과거라면 지혜는 미래다.

그런데 안타깝게도 지혜는 지식처럼 학교에서 쉽게 배울 수가 없다. 과외로 지혜를 키우기도 쉽지 않다. 경험과 깨달음이 필요하기 때문이다. 미국 시인 월트 휘트먼이 이를 정확하게 짚었다. "지혜는 학교에서 경험할 수도, 가진 자가 가지지 않은 자에게 넘겨줄 수도 없다. 지혜는 영혼의 차원이요, 입증할 수 없으며, 그 자체가 증거이다."

그렇지만 지혜는 스스로의 노력으로 어느 정도 키울 수는 있다. 전적으로 타고난 것이 아니어서다. 공자는 사색, 모방, 경험 등 3가지 방법을 제시했다. 심리학자 레베카 뉴턴은 생각을 확장하기 위한 행동, 지적인 겸손함 선택, 현명한 습관 함양 등 3가지를 제안했다.

나는 주변 사람들과의 허심탄회한 토론, 겸손이 뒷받침된 경청이 지혜로운 사람이 되는 길이라 생각한다. 우리 주변을 살펴보자. 지혜롭게 보이는 사람 대부분은 열린 마음으로 남의 의견을 경청하는 습관과 능력을 갖고 있음을 알 수 있다.

주변 사람들에게 좋은 아이디어를 구하고 뭔가 새로운 것을 받아들일 줄 알아야 지혜로운 판단과 결정이 가능해진다. 여기서 반드시 필요한 덕목이 겸손 아닐까 싶다. 명문대 학위 있다고, 전문가라고 뽐내면서 남의 말 듣지 않는 사람은 결코 지혜로운 사람이 될 수 없다.

11
상대방 마음을 사는 게 최고의 화술이다
● 미국 대선보다 마주 앉은 사람의 이빨 치료에 더 관심을 가져라 ●

화술에 관한 명언

대화를 잘 하려면
진실truth, 양식good sense, 기분good Humor, 재치wit
4요소를 갖추어라.
_윌리엄 템플

뛰어난 리더들은 언제나
발언의 단순화에 뛰어나다.
_콜린 파월

다정하고 조용한 말이 힘이 있다.
_랠프 왈도 에머슨

 나는 화술, 즉 말 잘하는 방법에 대해 한 번도 배워본 적이 없다. 어린 시절 말 잘하는 친구가 무척 부러웠지만 가르쳐 주는 사람은 아무도 없었고, 따로 공부해 본 적도 없다. 가끔 TV에서 북한 아이가 똑똑하게 말하는 모습을 보곤 "쟤들은 말하는 법을 배우는 것 같은데 우리는 왜 안 가르쳐주지. 말 잘하면 빨갱이라지만 꼭 나쁜 건 아닐 텐데"라고 생각했었다.

예나 지금이나 국어 학습은 읽기, 쓰기, 듣기, 말하기 등 4가지로 구성되어 있다. 읽기와 쓰기는 수업 시간에 많이 했지만 듣기와 말하기는 따로 학습하질 않았다. 우리 교육 현장에 토론이라는 게 아예 없었으니 말하기 학습 기회를 갖지 못한 것이다. 교실 환경이 많이 바뀌었다지만 지금도 말하기 교육은 미진해 보인다. 청소년, 청년들이 각종 면접에서 어려움을 겪는 건 당연하다.

화술은 자기 표현의 수단이기 때문에 누구에게나 중요하다. 학교에서, 직장에서, 사회에서 다른 사람과 좋은 관계를 맺는 데 꼭 필요한 능력이다. 그 능력이 뛰어나면 인생을 사는 데 도움이 되겠지만 부족하면 어려움을 겪을 수 있다. '말 한 마디로 천 냥 빚 갚는다'는 속담이 괜히 나온 게 아니다. 그러니 누구나 일상적인 화술을 신경 써서 터득하는 것이 좋다.

좋은 화술의 핵심은 뭐니 뭐니 해도 대화 상대의 마음을 얻는 것이라고 나는 생각한다. 윌리엄 템플이 화술의 4요소 가운데 진실을 제일 앞에 둔 것은 당연하다 하겠다. 말은 인격의 표현이라 했으니 말에 진실을 담지 않으면 호응을 얻기 어렵다. 진실이 결여된 말은 향기 없는 꽃이나 마찬가지다.

대화 중에 마음을 얻기 위해서는 상대방을 애써 배려해야 한다. 경청은 기본이다. 말은 하기보다 들어주어야 한다. 누구에게나 주도적으로 말하고 싶어하는 욕심이 있다. 자기 발언권을 빼앗아가는 사람을 좋아할 리 만무하다. 적절한 지점에서 적절한 것을 말하는 것이 좋은 대화법이다. 말하고 싶은 유혹을 느낄 때 적절치 않은 말을 하지 않고 남겨두는 것이 참 중요한 것 같다.

경청하는 데 머물지 않고 상대방의 관심 분야에 호응해주면 효과가 배가된다. 상대방이 좋아하는, 혹은 잘 아는 주제에 관심을 표시하며 많이 들어주는 걸 누가 싫어하겠는가. 사람은 누구나 자기 일을 소중하게 여긴다. 미국 대선보다 자기 이빨 치료가 더 중요하며, 일본 대지진보다 자기 아들 취직이 더 중요하다.

화술을 제대로 갖춘 지인이 있다. 그는 대화 중에 질문을 즐겨 한다. 궁금해서이기도 하겠지만 상대방이 하는 일에 관심을 기울이는 배려임을 쉽게 짐작할 수 있다. 거꾸로 상대방이 뭘 물어오면 간단하게 답하고는 또 질문을 한다. 찰스 노샘 리의 조언이 바로 이것이다. "다른 사람이 좋아하며 대답할 만한 질문을 하라. 그 사람에게 자신과 자신의 업적에 대해 말해 달라고 하라."

이렇게 해서 우호적인 분위기가 조성된 상태에서 자신의 의견을 솔직하게 표현하면 손쉽게 마음을 얻을 수 있지 않을까 싶다.

한 가지만 덧붙이자. 말을 차분하게 하는 것이 좋겠다. 공식 토론이 아닌 이상 굳이 목소리를 높일 이유가 없다. 높은 목소리가 오가면 무의미한 논쟁을 유발하고 예기치 못한 싸움으로 발전할 수도 한다. "말을 할 때에는 침착하게 하라. 음성은 낮게 가라앉도록 하고 상대방의 눈을 보면서 말하라." 벤저민 디즈레일리의 가르침이다.

12
독서는 성장의 최고 반려자

• 책은 청년에게 음식, 노인에게 오락, 부자일 땐 지식, 고통스러울 땐 위안 •

독서에 관한 명언

> 내가 알고 싶은 것은 모두 책에 있다.
> _에이브러햄 링컨
>
> 책은 청년에게 음식이 되고
> 노인에게는 오락이 된다.
> 부자일 때에는 지식이 되고
> 고통스러울 때에는 위안이 된다.
> _마르쿠스 키케로
>
> 오늘의 나를 있게 한 것은
> 하버드대도 아니고 내 어머니도 아니다.
> 내가 살던 마을의 작은 도서관이다.
> _빌 게이츠

나는 요즘 청년 시절 열심히 독서하지 않은 것을 뼈아프게 후회하고 있다. 책을 좀 더 가까이 했더라면 내 삶이 지금보다 훨씬 풍요롭지 않을까 생각된다. 삶의 방식이나 직업이 나한테 더 적합한 쪽으로 셋팅되었을지도 모른다. 뒤늦게나마 독서의 늪에 푹 빠져있음은 다행이다.

독서의 효능이야 삼척동자도 안다. 책 속에는 무한한 지식과 지혜가 담겨있다. 좋은 책을 많이 읽으면 훌륭한 사람들이 앞서 경험한 것들을 고스란히 전수받을 수 있다. 저마다의 간접 경험을 통해 오늘을 성찰하게 된다. 책을 깨달음의 원천이라 부르는 이유다. 꾸준히 독서를 하면 뇌가 자극을 받아 사유의 바다가 넓게 펼쳐진다. 비판적 사고 능력은 저절로 생긴다.

특히 입시 공부, 취업 준비하는 청년들에게 독서는 생명 줄이나 다름없다. 독서는 독해력을 기르는 지름길이다. 아니 거의 유일한 방법이다. 독해력은 학업 능력을 좌우한다. 언어 영역뿐만 아니라 영어나 사회 영역도 독해력이 부족하면 좋은 성적을 기대하기 어렵다. 독해력이 이해력의 바탕이 되기 때문이다.

책의 더 큰 효능은 자아 발견이다. 독서를 하다 보면 스스로에게 끊임없이 질문하고 있음을 경험하게 된다. 주인공은 왜 저렇게 사는가, 나라면 어떻게 행동할까, 나는 과연 누구인가, 나는 어떻게 살아야 하는가. 〈독서의 역사〉를 쓴 알베르토 망구엘이 이 지점을 정확하게 짚어준다. "우리 모두는 자신이 어떤 존재이고 또 어디쯤 서 있는지를 살피려고 우리 자신뿐만 아니라 우리를 둘러싸고 있는 세계를 읽는다."

책에는 위대한 길이 열려 있다. 책을 많이 읽는다고 반드시 성공하는 것은 아니지만 성공한 사람 치고 책을 멀리한 사람은 찾아보기 힘들다. 벤저민 프랭클린, 윌리엄 셰익스피어, 에이브러햄 링컨, 윈스턴 처칠, 정약용, 김대중, 빌 게이츠 같은 인물은 하나같이 독서광이었다. 모두가 성공의 지혜를 책에서 구했다.

독서에는 왕도가 없다. 정독이냐 속독이냐를 따질 필요도 없다. 청소년이라면 일단 교육기관이 정해주는 필독도서를 읽는 게 좋겠지만 초등학생이라면 각자 흥미 있는 책을 뭐라도 읽도록 하는 게 바람직하다. 책 읽는 재미를 느껴 독서를 습관화하면 그것으로 성공이다.

나이와 상관없이 고전은 가급적 많이 읽는 것이 좋겠다. 읽지 않는다고 당장 무슨 문제가 생기는 것은 아니다. 하지만 고전은 우리의 삶을 천천히, 그러나 책임감 있게 진정한 행복으로 이끌어 준다. 고전이 좋은 이유는 오랜 기간 검증되고 선택된 책인데다 최고의 지식 보급처이자 마음의 안식처이기 때문이다. 인간과 삶에 대한 통찰, 세계관 형성에 큰 도움을 준다.

〈일리아스〉를 읽으면 아킬레우스처럼 전쟁터를 누벼볼 수 있고, 〈아라비안나이트〉를 읽으면 알리바바나 신드바드를 따라 신기한 모험을 해볼 수 있다. 또 〈파우스트〉를 읽으면 인간의 욕망과 죄, 사랑의 의미를 깊이 성찰해 볼 수 있다. 이런 작품은 과거를 통해 현재, 그리고 미래까지 조망하는 기회를 갖게 해준다. 타임머신 타고 먼 길을 여행하는 행복이다.

몸을 튼튼하게 만드는 것이 운동이라면 마음을 살찌우는 것은 독서다. 인간은 죽을 때까지 성장하는 존재라고 했다. 그런데 성장의 최고 반려자는 바로 독서다. 시간이 있는데 특별히 할 일이 없다면 무조건 책을 펴자.

13
글쓰기로 당신의 자아를 발견하라
• 만 권의 책을 읽으면 글쓰기가 신의 경지에 이른다 •

글쓰기에 관한 명언

> 글쓰기를 잘 못하는 사람은
> 생각도 잘 못한다. 생각을 잘 못하면
> 남들이 대신 생각해줘야 한다.
> _조지 오웰
>
> 짧게 쓰라, 그러면 읽힐 것이다.
> 명료하게 쓰라, 그러면 이해될 것이다.
> 그림같이 쓰라, 그러면 기억 속에 머물 것이다
> _조지프 퓰리처
>
> 모든 글의 초안은 끔찍하다.
> 글은 죽치고 앉아서 쓰는 수밖에 없다.
> 나는 〈무기여 잘 있거라〉를
> 마지막 페이지까지 39번이나 새로 썼다.
> _어니스트 헤밍웨이

글쓰기는 인생과 세상을 마주하는 거룩한 일이다. 다들 독서가 중요하다고 말하면서도 글쓰기의 중요성은 간과하는 경향이 있다. 독서는 반드시 많이 해야 하지만 글쓰기는 해도 그만 안 해도 그만이라 생각하는 사람이 의외로 많다. 전혀 그렇지 않다. 글쓰기는 독서보다 조금도 덜 중요하지 않다. 성공을 위해, 행복을 위해 반드시 해야 하는 일이다.

글쓰기의 가장 큰 효능은 자기 발견이다. 글쓰기는 자기 내면을 표현하는 행위이기 때문에 자신을 파악하려면 반드시 글을 써봐야 한다. 학교에서 일기 쓰기를 권장하는 이유는 글쓰기 역량 강화에 도움이 될 뿐만 아니라 자신의 관심이나 재능을 발견하는 데 중요한 기능을 하기 때문이다. 모름지기 글쓰기는 생각을 정리하고 단련하는 지름길이다.

이는 대학 입시나 취업 준비 때 자기소개서를 써보면 쉽게 알 수 있다. 대입 자소서를 쓰다 보면 자신이 고교 3년 동안 무슨 공부를 했으며, 그 가운데 무슨 과목이 재미있었으며, 또 대학에 진학해서 무슨 공부를 하면 좋을 것 같다는 생각이 일목요연하게 정리된다. 취업 자소서도 마찬가지다. 지금까지 무슨 공부를 했으며 지망 회사에 들어가 무슨 일을 하면 능력을 발휘할 수 있을 것이란 생각이 자연스럽게 정리된다. 대학과 기업에서 자소서를 중시하는 이유다.

자소서 쓰기에 자신이 없어 누군가에게 대필토록 할 경우 이런 기회를 놓치게 됨은 당연하다. 그렇게 쓴 자소서가 좋은 글이 될 수 없음은 두말할 것도 없다. 대입, 취업과 상관없이 평소에 차분하게 글 쓰는 습관을 들일 경우 자기 발견을 그만큼 앞당길 수 있다.

글쓰기는 사회 생활에 필수다. 세상이 글쓰기를 강요하고 있다고 해서 틀린 말이 아니다. 회사에선 수시로 보고서나 기획안을 작성해야 한다. 대학교수는 논문을, 판사는 판결문을, 공인중개사는 부동산 거래 내역서를 작성해야 한다. 지금은 인터넷 메신저나 전자우편을 통해 글로 소통하는 것이 일상이 되어 버렸다.

특히 정보통신 혁명과 지식 혁명이 동시에, 그리고 빠르게 진행됨에 따라 지식과 정보를 효율적으로 분석 관리하는 역량은 사실상 인생사 성공 여부를 결정짓게 되었다. 글을 잘 쓰지 못하면 인생이 고달플 수밖에 없다.

글을 잘 쓰려면 당연히 많이 써봐야 한다. 딱히 왕도가 없다. 다만 독서는 필수다. 두보는 "만 권의 책을 읽으면 글쓰기가 신의 경지에 이른다"고 했다. 글을 쓰기 위해서는 독해력과 언어 구사 능력을 갖추어야 하는데 독서가 그 지름길이다. 책은 글쓰기를 위한 콘텐츠를 무궁무진 제공하기 때문에 항상 가까이해야 한다. 특히 고전을 많이 읽으면 상상력과 창의력 함양에 도움이 되기에 글쓰기에 더없이 중요하다.

글쓰기도 습관이다. 쓰는 사람은 힘들이지 않고 재미있게 자주 쓰지만 쓰지 않는 사람은 괜히 두려움에 사로잡혀 손도 못

댄다. 내 경우 신문기자로 오래 일했지만 시사성 기사문이 아닌 일반 글쓰기는 별로 해 본적이 없다. 퇴직 후에야 에세이에 관심을 가지면서 글쓰기에 새로운 재미를 붙였다. 특별한 일이 없으면 매일 뭔가 한 편씩 쓴다. 쓰는 순간이 얼마나 행복한지 모른다.

글을 쓰면 독서가 충실해진다는 것은 덤으로 좋은 점이다. 사실 독서와 글쓰기는 한 몸이다. 쓰기 위해서는 읽어야 하고, 읽으면 쓰고 싶어진다. 독서와 글쓰기, 당장 함께 길들이길 권한다. 지적으로 행복을 찾는 길이다.

CHAPTER 2

힘들어도
툭툭 털고 일어서라

14
마이클 조던은 9000번이나 실패했다
• 성공은 실패의 맨 끝에 온다. 포기하지 않으면 반드시 성공한다 •

실패에 관한 명언

실패로부터 성공을 배워라. 좌절과 실패는
성공으로 가는 두 가지의 가장 확실한 디딤돌이다.
_데일 카네기

실패했다고 해서 스스로를 괴롭히지 마라.
실패를 자꾸 괴로워하는 것은 다음 일도
실패로 이끄는 원인이 된다.
_버트런드 러셀

빨리 성공하려면 더 많이 실패해야 한다.
성공은 실패의 맨 끝에 있으니까.
_토머스 왓슨

소개된 명언들을 한마디로 요약하면 '실패는 성공의 어머니' 아닐까 싶다. 초등학교 때부터 귀에 박히도록 들었던 금언이다. 발명왕 에디슨이 곧잘 예시로 동원됐다. 내 어릴 적엔 실패한 사람들을 위로하기 위해 누군가가 지어낸 말이라고 생각했다. 하지만 인생을 살면서 이 말만큼 곱씹을수록 단맛이 커지는 표현이 또 있을까 싶다.

인생에서 단 한 번의 실패도 경험하지 않는 사람은 거의 없을 것이다. 입시, 취직, 연애, 결혼, 사업, 자녀 양육, 건강 등 굵직굵직한 계기에 크고 작은 어려움을 겪는 것은 흔하디흔한 일이다. 아마 인생사 모든 게 실패와 재기의 연속이기 때문일 것이다. 일본 자동차회사 혼다의 창업자 혼다 소이치로는 "지금까지 내가 한 일 가운데 99%는 실패였다"고 고백했다.

그러나 현실에서 실패는 참담한 일이다. 엄청난 좌절로 우울감을 느끼게 된다. 일정 기간 절망에서 벗어나지 못해 어려움을 겪는다. 실패가 반복될 경우 '학습된 무기력'에 빠져 의욕을 잃는 경우가 많다.

실패가 아무리 힘든 고통이라 해도 그것을 대하는 태도는 각자 선택의 문제다. 낙관과 긍정의 마인드가 무엇보다 중요하다. 실의에 빠지지 않고 자신의 능력과 환경을 냉정하게 성찰할 수 있다면 성공의 디딤돌이 될 수 있다. 실패를 깨끗이 인정하고 재도약을 위한 배움의 기회로 활용하는 것을 가리킨다.

지금 실패의 늪에 빠져 있다면 성공한 사람들의 말에 귀 기울여보기 바란다. 오프라 윈프리는 "인생에서 실패란 아예 없다"고 단정한다. 성공의 길로 이끄는 과정일 뿐이라고 강조한다. 실패에 담긴 뜻을 되새겨 도전에 도전을 거듭할 경우 성공의 천사는 반드시 찾아오게 되어 있다.

맞다. 농구선수 마이클 조던은 "나는 살면서 수많은 실패를 거듭했다. 그러나 바로 그것이 내가 성공할 수 있었던 이유"라고 말했다. 농구선수에게 실패는 바로 경기에서 지는 것 아닐까. 그는 이런 말도 했다. "나는 농구 인생을 통틀어 무려 9000개 이상의 슛에 실패했으며, 3000번의 경기에서 패배했다."

어쩌면 실패는 우리 인생 그 자체인지도 모른다. 걸음마 배우는 아기를 보면 포기하지 않는 것이 성공의 유일한 길임을 알 수 있다. 끊임없이 넘어지지만 표정 하나 일그러지지 않고 다시 일어나지 않는가. 실패를 성장과 발전의 과정이라고 말하는 이유인가 보다.

실패에 굴복하지 않는 태도는 성장기 교육의 영향이 크다. 성공한 사람들의 얘기를 들어보면 부모의 가르침이 중요함을 새삼 느낀다. 제너럴일렉트릭GE 최고경영자였던 잭 웰치. 그에게는 '좌절을 모르는 불굴의 기업인'이란 형용사가 따라다닌다.

고교 시절 웰치는 아이스하키팀 주장으로 활동했다. 마지막 시즌에서 그의 팀은 6연패 늪에 빠져있었다. 마지막 일곱 번째 게임마저 2대2 동점 상황에서 역전패를 당하자 그는 엄청난 실의에 빠져 스틱을 얼음판에 집어 던지며 큰 소리로 화를 내고는 라커룸으로 들어가 버렸다.

이를 지켜보던 어머니는 따라 들어가 아들의 멱살을 잡고 이렇게 소리쳤다고 한다. "이 바보 같은 녀석아, 패배를 어떻게 받아들여야 하는지 모른다면 더 이상 경기할 자격이 없어. 어떤 상황에서도 정면으로 맞서야지. 절대로 자신을 속여서는 안 돼."

나중에 웰치는 자서전에 이렇게 썼다. "실패에 관한 어머니의 가르침은 평생 나의 든든한 나침반이었다."

15
정약용은 '심경'으로 고난을 극복했다

• 역경과 곤궁은 호걸을 단련하는 도가니와 망치 •

고난에 관한 명언

> 인생은 고난의 연속이다. 그러나 성실한 마음으로 물리칠 수 없는 고난은 없다.
> _소크라테스
>
> 곤궁에는 운명이 있음을 알고, 형통에는 때가 있음을 알고, 큰 어려움에 처해도 두려워하지 않는 것이 성인의 용기다.
> _공자
>
> 역경과 곤궁은 호걸을 단련하는 도가니와 망치다.
> _채근담

실학자 정약용의 고난을 깊이 생각해 본 적이 있는가. 수원 화성 축조, 목민심서 저술 등으로 찬란한 삶을 영위한 것 같지만 그에게는 무려 18년 동안 유배 생활을 한 이력이 있다.

개혁 군주 정조를 도와 조선 후기 국정 쇄신을 이끌었지만 청년 시절 잠시 접한 서학西學으로 인해 정조 사후 기약 없는 유배객이 되고 말았다. 셋째 형 정약종은 처형을 당했고, 둘째 형 정약전은 함께 유배를 떠났으니 온 집안이 풍비박산 고초를 당한 셈이다.

명문가에서 태어나 과거에 급제하고 임금의 총애를 받았으니 유배 떠날 적 40세 정약용은 꽤나 성공한 인생이었다. 사람 팔자 하루 아침이라 했던가, 정조 사후 정국 변화의 회오리 속에 그의 가문은 졸지에 폐족이 되고 말았다. 상상해 보라. 얼마나 괴롭고 참담했겠는가.

그러나 정약용은 고난에 굴복하지 않았다. 세속의 명예와 권력을 모두 잃었지만 유배 기간을 '진정한 학문을 할 수 있는 여가'로 활용했다. 그가 저술한 500권의 책은 그래서 가능했던 것이다. 이 고난의 시기에 그는 송나라 학자 진덕수가 편찬한 〈심경心經〉을 연구하며 괴로운 마음을 다스렸다.

소크라테스의 말처럼 우리 인생은 고난, 고통의 연속임에 틀림없다. 불교에서는 팔고八苦라 해서 태어나는 것부터 세상사 모든 게 고통이라고 한다. 입시나 취업 실패, 연인과의 이별, 가족의 죽음, 실직, 가난, 외로움, 질병 등으로 우리는 온갖 고통을 겪으며 살아간다.

니체는 "고난이 심할수록 내 가슴이 뛴다"고 했고, 괴테는 "고난이 지나면 반드시 기쁨이 스며든다"고 했지만 솔직히 우리네 보통 사람들이 흉내 내기 어려운 긍정이요, 낙관이다. 그럼에도 불구하고 고난의 터널에서 벗어나기 위해서는 자신감과 긍정적인 마인드를 갖지 않으면 안 된다.

미국 커뮤니케이션 전문가 카민 갤로는 저서 〈최고의 설득〉에서 이렇게 말했다. "다이아몬드는 지구의 맨틀에서 발생하는 엄청난 압력과 열로부터 형성된다. 최상급 포도는 가파른 산등성이나 돌이 많은 토양에서 자란다." 이럴진대 진주든 포도주든 최고급은 고난을 이겨낸 자연의 결과물이라 해서 틀린 말이 아닐 성싶다.

고난이 닥쳤을 때 가장 중요한 건 역시 마음을 잘 다스려야 한다는 사실이다. 세상사 모든 게 마음먹기 나름이라 하지 않는가. 맹자는 "사람들은 닭이나 개를 잃어버리면 곧바로 찾을 줄 알지만 잃어버린 마음은 찾을 줄 모른다"고 안타까워했다.

누구나 고난을 당했을 때 마음의 평정을 가져야 위기를 빨리 극복할 수 있다. 계속 괴로워하거나 분노를 참지 못하면 상황은 더 나쁘게 치달을 가능성이 많다. 성인들은 고통을 즐기고 사랑하라고 가르치지만 말처럼 쉽지 않다. 하지만 그것을 인정하고 편안한 마음을 갖는 것은 어느 정도 가능할 것 같다. 종교가 있다면 간절한 기도가 큰 도움이 될 것이다.

칼릴 지브란은 저서 〈예언자〉에서 "아픔은 깨달음을 가두고 있는 조개껍데기를 깨는 일"이라며 이렇게 조언했다. "여러분의 아픔 중 상당 부분은 자초한 것이다. 그것은 여러분 속에 있는 의원이 병든 자아를 고치기 위해 지은 쓴 약이다. 의원을 믿고 조용하고 평온한 마음으로 약을 마시면 된다."

고난, 고통 극복에 가장 중요한 것은 역시 희망을 간직한 마음의 평화이다. "희망이 없는 상황이란 없다. 모든 것에 희망을 품어라." 미국 작가 매들린 렝글의 말이다.

16
가난에 안주하는 것은 부끄러운 일이다
• 돈 없는 것이 죄는 아니지만 없어도 행복할 수 있다는 건 허영 •

가난에 관한 명언

> 가난은 행복의 큰 적이다.
> 당신이 불행한 부자라 해도
> 가난한 것보다는 행복하다.
> _알베르 카뮈
>
> 끼니를 걱정하는 사람에게
> 고상한 정신이 깃들기는 어렵다.
> _공자
>
> 가난하게 태어난 것은 당신의 죄가 아니지만
> 가난하게 죽는 것은 당신의 죄다.
> _빌 게이츠

우리나라 현대 인물 중에 '가난' 하면 정치인 이재명이 가장 먼저 떠오른다. 그는 찢어지게 가난한 산골 집 아들로 태어나 소년 노동자 생활을 했다. 초등학교 졸업 후 중고등학교 과정을 밟아야 할 시기 약 5년 6개월 동안 공장에서 막노동을 해야 했다. 야구 글러브 생산 공장에서 일하다 프레스에 왼쪽 팔뚝이 말려 들어가는 사고를 당해 장애인(6급) 판정을 받았다.

그는 어느 방송에 출연해 이런 말을 했다. "남들 학교 갈 때 나는 회색 작업복을 입고 교복 입은 학생들을 피해 반대 방향 공장으로 출근했지요. 그때 교복 입은 아이들이 얼마나 부러웠는지 모릅니다." 아마 가난에 한이 맺혔을 것이다. 그는 '공부만이 살길'이라 생각하고 검정고시를 거쳐 대학에 진학했으며 열심히 공부한 결과 사법고시에 합격했다. 인권변호사로 활동하다 성남시장을 거쳐 경기지사를 역임했다. 이제 대통령까지 되었으니 크게 성공한 삶이다. 지금은 그에게 가난이 아련한 추억일 것이다.

가난을 칭송하는 사람을 간혹 본다. 가난해도 몸과 마음만 건강하면 행복하고, 돈이 많으면 오히려 불행할 수 있다고 말한다. 〈명심보감〉 구절을 들이대기도 한다. "천 칸의 큰 집에도 잠자는 자리는 여덟 자뿐이고, 좋은 밭이 만 이랑이라도 하루에 먹는 것은 곡식 두 되뿐이다."

가난을 경험해 보지도 않고 이렇게 말하는 사람은 밉상이다. 가난한 사람이나 가난을 겪어본 사람 입에선 이런 말이 좀체 나오지 않는다. 당장 의식주 해결이 걱정이고 인간다운 삶이 위협받는다면 돈은 부러움의 대상일 뿐이다. "돈이 없어도 행복해질 수 있다는 것은 허영"이라는 카뮈의 말에 나는 동의한다.

통상적인 가난과 가난을 자청하는 청빈은 구분되어야 한다. 청빈의 대명사 법정 스님은 평생 무소유를 말하고 실천했다. 스스로 자연을 즐기며 산골 오두막에 살며 행복을 추구했다. 아마 그의 청빈낙도는 성직자이기에 가능했을 것이다. 성직자가 아니라도 봉사와 기부를 실천하며 청빈한 삶을 추구하는 사람이 간혹 있긴 하다.

가난은 대부분의 사람에게 고통이고 불행이다. 가난은 비참하고 잔혹한 삶을 몰고 올 수도 있다. 가족, 사랑, 우정, 건강, 심지어 생명까지 앗아갈 수도 있다. 우리나라의 경우 최소한의 의식주 해결이 안 되는 절대적 빈곤은 거의 사라졌지만 상대적 빈곤을 느끼는 사람은 적지 않다.

가난은 부끄러워할 필요는 없지만 그렇다고 칭송하거나 자랑할 일은 아니다. 가난하면 완전하고도 성공적인 인생을 가꾸기 힘든 것이 엄연한 현실이다. 부모에게 효도하고 싶어도 돈이 없으면 쉽지 않다. 가난은 대물림 될 가능성이 많기에 자녀 행복에도 악영향을 끼친다.

그런 점에서 보통 수준의 경제력은 갖는 게 좋을 것 같다. 공자 말처럼 고상한 정신을 가질 수 없을 정도로 끼니를 걱정해야 하는 사람은 아무래도 불행하지 않을까 싶다. 의식주가 해결되지 않으면 부모 형제를 포함한 주변 사람들에게 짐이 될 수 있다.

그렇다면 누구나 가난을 극복하고자 힘써 노력해야 한다. 문제는 가난한 사람 중에는 가난을 극복할 의지가 없거나 게으르고 불성실한 이가 적지 않다는 사실이다. 열등감으로 과시적 과소비를 해 손가락질받는 사람도 흔하게 볼 수 있다. 페리클레스는 이런 사람들을 따끔하게 질책한다. "가난은 부끄러운 게 아니지만 안주하는 것은 부끄러운 일이다."

17
프랑스 의사 봉바르의 희망 실험

• 절망은 희망 연습. 밤의 장막 뒤에 미소 짓는 새벽이 있다 •

절망에 관한 명언

> 절망스러운 상황은 없다.
> 절망한 사람만 있을 따름이다.
> _클레어 루스
>
> 희망은 삶 속에 존재하는 가장 위대한 힘이며,
> 죽음을 물리칠 수 있는 유일한 무기다.
> _유진 오닐
>
> 희망은 보이지 않는 것을 보고,
> 만질 수 없는 것을 느끼며,
> 불가능한 것을 성취하게 한다.
> _헬렌 켈러

절망은 죽음이지만 희망은 삶이다. 그러므로 절망하지 않으면 결코 죽지 않는다. "바다에서 조난돼 표류하는 사람이 평균 3일 정도밖에 살지 못하는 데에는 이유가 있다. 절망감 때문이다." 프랑스 의사 알랭 봉바르의 말이다.

봉바르는 바다 위를 표류하더라도 먹고 마실 것을 충분히 구할 수 있기에 삶의 희망만 잃지 않는다면 3일이 아니라 장기간 생존 가능하다고 생각했다. 바닷물에는 수많은 생명체가 살고 있고, 식수는 바닷물로 얼마든지 해결할 수 있다는 근거였다.

그는 1953년 가을 스스로 실험 대상이 되어 4.6×1.9m짜리 고무보트에 사각형 돛을 단 '레레티크'호를 타고 대서양 횡단에 도전했다. 먹을 것 하나 없이 카나리아제도 라스팔마스를 출발한 봉바르는 65일 동안 무려 4500km를 표류한 끝에 서인도제도 바베이도스에 도착하는 데 성공했다. _이병철의 '탐험사 100장면'

살 수 있다는 자신감, 희망이 어떤 악조건도 극복할 수 있음을 세계인들에게 보여준 셈이다.

그렇다. 우리네 인생에서 희망이란 단어가 얼마나 중요한지 모른다. 희망이 없으면 삶의 의미가 없다고 할 수 있다. 절망적인 상태는 삶에 대한 모든 기대가 사라져 체념과 포기의 터널을 지나가는 것을 말한다. 앉으나 서나 한숨만 나오고 앞이 캄캄하다.

무서운 사실은 절망적인 상황이 되풀이될 수 있다는 점이다. 비슷한 패턴이 반복되면 온몸에 힘이 빠지며 죽음의 그림자가 어른거리기도 한다. 알베르 카뮈는 "절망을 경험하지 않고는 삶을 사랑할 수 없다"고 말하지만 한가한 소리로밖에 들리지 않는다.

인류 문명이 급속도로 발전하는데도 절망의 늪에서 허우적대는 사람이 수없이 많으니 불가사의한 일이다. 노벨 경제학상 수상자 앵거스 디턴 프린스턴대 교수는 미국 사회에 '절망사 Death of despair'가 급격히 늘고 있다고 주장한다. 절망사란 자살, 마약, 알코올 중독으로 죽는 것을 지칭하는데 아프가니스탄과 이라크 전쟁 18년 동안 사망한 미국인보다 절망사로 목숨을 잃은 미국인이 더 많을 정도로 심각하다는 지적이다.

절망적인 상황은 누구에게나 올 수 있다. 언제 닥칠지도 모른다. 오직 나에게만 닥친 불행이라며 신세 한탄하며 자포자기할 일이 아니다. '호랑이 굴에 잡혀가도 정신만 차리면 산다'란 말도 있지 않은가. 절망과 희망은 머리를 맞대고 있다. 절망은 희망 연습이다. 그래서 절망은 단지 희망의 또 다른 이름인지도 모른다.

알베르 카뮈는 소설 〈페스트〉에서 중세 흑사병의 절망적인 상황을 전하면서도 인간이 그런 재앙을 이해하며 다시 손잡고 극복하는 모습을 그렸다. 존 스타인벡의 소설 〈분노의 포도〉 역시 대공황이란 절망적인 상황에 맞닥뜨린 인간의 강인한 정신력을 묘사한다. 역시 하늘이 무너져도 솟아날 구멍이 있는 법이다.

영국 상담심리치료협회BACP 소속 심리 상담사 라키 찬드의 조언을 들어보자. 그는 절망에서 벗어나는 방법으로 다음 다섯 가지를 제안했다.

1. 사랑하는 사람과 이야기를 많이 하라
2. 자책하지 말라
3. 현재에 집중하라
4. SNS에서 잠시 벗어나라
5. 주변에 도움을 요청하라

결국 자기 자신이 긍정적인 마인드를 갖고 희망의 양식을 쌓아가는 수밖에 없다. "한겨울에도 움트는 봄이 있는가 하면, 밤의 장막 뒤에는 미소 짓는 새벽이 있다." 칼릴 지브란의 말이다.

18
고독은 생활필수품, 벗삼아 즐겨라
• 사색, 명상, 일기 쓰기, 예술감상, 독서 등 정신 활동으로 극복 가능 •

고독에 관한 명언

우리 모두 좋은 본성과 너무 오랫동안
떨어져 시들어가고 일에 지치고
쾌락에 진력이 났을 때
고독은 얼마나 반갑고 고마운가.
_윌리엄 워즈워스

인간은 누구나 홀로 있지 않을 수 없다.
결국 인간의 행복은 얼마나
홀로 잘 견딜 수 있는가에 달렸다.
_아르투어 쇼펜하우어

고독함 속에서
강한 자는 성장하지만
나약한 자는 시들어 버린다.
_칼릴 지브란

고독사가 사회 문제로 대두된 지 오래다. 세계적인 현상이다. 영국에선 이 문제를 해결하겠다며 '외로움 장관Minister of loneliness'까지 두고 있다. 영국 통계에 따르면, 전체 인구의 13%가 외로움의 고통을 호소하고 있단다. 고독은 노인뿐만 아니라 젊은이들에게도 엄습한다. 비혼, 이혼 증가로 1인 가구가 급증하는 우리나라도 남의 얘기가 아니다. 가족을 지렛대로 삶의 고독을 막는 데 한계가 있을 수밖에 없다.

그렇다면 이제 홀로 사는 법, 외로움을 느끼지 않는 법을 적극적으로 터득해야겠다. 고독이 반드시 나쁜 게 아니라는 인식을 갖는 게 무엇보다 중요하다. 사실 이 세상 모든 사람은 고독하다. 누구나 태어날 때 혼자 오고, 죽을 때 혼자 가지 않는가. 고독이 생활필수품이라 해서 틀린 말이 아니다. 정호승은 시 '수선화에게'에서 "울지 마라 외로우니까 사람이다. (중략) 가끔은 하느님도 외로워서 눈물을 흘리신다"고 노래했다.

삶의 의미와 행복을 일생 연구하는 철학자 중에 독신자가 많다는 사실은 우연이 아니다. 칸트, 데카르트, 스피노자, 파스칼, 쇼펜하우어, 니체…. "제자들이여, 나는 앞으로 혼자가 된다. 자네들도 마찬가지일 것이다. 모두 혼자가 돼라. 나는 그것을 바라노라." 니체의 말이다. 노골적으로 고독을 독려한 셈이다. 철학자들은 고독을 즐기며 그 속에서 행복을 찾으려고 한 것 같다.

우리네 보통 사람이라고 이런 생각하지 말란 법 없다. 〈혼자 있는 시간의 힘〉 저자 사이토 다카시의 조언이 귀에 쏙 들어온다. "만약 마음 둘 곳이 없어 괴로울 때는 지금 자연의 품에 안겨 있다고 상상하자. 그때 사람은 고독하지만 풍요로울 수 있다. 이런 몽상을 통해 혼자라는 것을 긍정하고 자연의 이미지를 자기 것으로 소화하면 혼자 있는 시간을 소중히 여기게 될 것이다."

'100세 철학자' 김형석 교수는 고독을 '사귐과 대화가 끊어졌을 때 느끼는 마음 상태'라고 정의한다. 육체적으로 혼자 있다고 해서 반드시 고독한 것은 아니라는 것이다. 그는 정신생활의 중요성을 특별히 강조한다. "정신생활이 빈약한 사람이 혼자 있게 되면 금방 고독을 느낀다. 대화가 없기 때문이다. 그러나 정신생활이 풍부한 사람은 좀처럼 고독을 느끼지 않는다. 항상 자신과 대화를 하기 때문이다."

그의 생각에 고개가 끄덕여진다. 여기서 고독 대처법이 나온다. 정신생활을 잘 하면 걱정할 게 없다. 사색과 명상, 일기 쓰기, 예술작품 감상, 독서 등이 여기에 속한다고 본다. 사색과 명상, 그리고 일기 쓰기는 자기 자신과의 좋은 대화법이다.

음악이나 미술 작품 감상, 그리고 독서는 예술가, 혹은 작가와의 대화를 가능하게 한다. 이런 데 애써 취미를 붙이면 비록 몸은 혼자라도 마음은 외롭지 않을 것이다. 우리는 이런 정신활동을 통해 고독에서 은밀한 즐거움을 구할 수 있을 것이다.

조병화 시인의 작품 '고독하다는 것은'을 읽으면 우리가 굳이 고독을 두려워할 필요가 없음을 알게 된다.

"고독하다는 것은 / 아직도 나에게 소망이 남아 있다는 거다 / 소망이 남아 있다는 것은 / 아직도 나에게 삶이 남아 있다는 거다 / 삶이 남아 있다는 것은 / 아직도 나에게 그리움이 남아 있다는 거다 / 그리움이 남아 있다는 것은 / 보이지 않는 곳에 / 아직도 너를 가지고 있다는 거다."

19
1미터만 더 파보라, 그곳에 금광이 있다
● KFC 창업자의 1009번째 도전 성공. 포기하지 않는 것도 능력 ●

포기에 관한 명언

반항하는 인간이란 무엇인가.
'NO'라고 말하는 사람이다.
하지만 그는 거부는 해도 포기는 하지 않는다.
_알베르 카뮈

우표를 생각해보라.
그것의 유용성은 어딘가에 도착할 때까지
어떤 한 곳에 들러붙어 있는 데 있다.
_조시 빌링스

행복의 비결은 포기할 것을 포기하는 것이다.
_앤드류 카네기

사례 1 미국 골드러시 때 청년 R. U. 다비는 삼촌과 함께 콜로라도에서 금광을 개발했다. 초기엔 제법 재미를 봤으나 갑자기 금 광맥이 끊겨버렸다. 아무리 파도 금은 더 이상 나오지 않았다. 낙담한 그는 채굴 장비를 헐값에 팔아넘기고 고향으로

돌아가고 말았다. 그런데 그 장비를 구입한 고물상이 얼마 후 기술자를 고용해 답사한 결과 다비가 포기한 바로 1미터 뒤에서 새로운 금 광맥이 발견되었다. 고물상은 졸지에 수백만 달러를 거머쥐었다. 다비는 땅을 치고 후회했다.

사례2 KFC 창업자 할랜드 샌더스는 레스토랑 사업에 실패했으나 곧바로 특유의 후라이드 치킨 조리법을 개발했다. 65세 고령임에도 그는 투자자를 찾기 위해 전국의 레스토랑을 순회했다. 가는 곳마다 문전박대당하고 지칠 대로 지쳤음에도 포기하지 않은 덕분에 1009번째에야 피트 하먼이라는 훌륭한 투자자를 만났다. 세계적 패스트푸드 체인 KFC는 이렇게 시작되었다.

다비와 샌더스, 여러분은 어느 쪽에 더 가까운가. 물론 다비는 그 후 보험 세일즈로 크게 성공했다. 성공 비결은 '1미터 앞 포기' 교훈을 되새기는 것이었다고 한다. 발명왕 에디슨의 성공 비결도 포기하지 않는 열정이었다. "인생에서 실패한 사람 중 다수는 성공을 눈앞에 두고도 그걸 모른 채 포기한 이들이다." 에디슨의 말이다.

인생을 힘차게 개척해 나가야 할 우리 청년들에게서 요즘 지쳤다는 얘기를 많이 듣는다. 학업, 취업, 결혼, 출산, 주택 마련 등 그들의 과제는 하나같이 힘들기만 하다. 몸도 마음도 아프단다. 아프니까 청춘이라지만 격려, 위로 멘트로는 너무 가혹하다.

대규모 아파트 지역을 걷다 보면 '수포자(수학 포기자) 구제'를 공약으로 내건 학원이 자주 눈에 들어온다. 수학을 포기한 중고교생이 많긴 많은 모양이다. 20대, 30대에선 삼포세대, 오포세대 하더니 어느새 10포세대를 넘어 완포세대란다.

포기가 꼭 이 시대만의 사회 현상은 아니다. 너무 힘들어서 포기해버릴까 생각하는 사람은 항상 있는 법이다. 평범한 삶에 만족하지 못하고 큰 성공을 위해 도전하는 사람은 잠시 꿈을 접고 차선을 택하면 된다. 하지만 막다른 골목에 서 있는 사람에게 포기란 말 그대로 절망이자 고통이다.

포기할 수는 없다. 해서도 안 된다. 윈스턴 처칠은 절대로 포기하지 말라고 했다. 맨유 감독 퍼거슨은 "포기하지 않는 것도 실력"이라고 했다. 맞는 말이다. 누구나 포기하지 않으면 희망의 봄을 맞이할 수 있다. 포기할 경우 남는 것이 없지만 포기하지 않으면 그간의 노력이 미래를 준비하는 자양제가 된다.

사람에게는 자기 자신조차 믿을 수 없는 놀라운 능력이 있다. 꿈을 향해, 목표를 달성하고자 꾸준히 나아간다면 초월적 신이 당신을 도울 수도 있다. 포기하면 그런 도움조차 받을 기회를 단념해야 한다. 마틴 튜퍼는 "절대로 포기하지 말라는 말만큼 오랜 세월 우리 마음속에 절실하게 들리는 말이 또 어디 있겠는가"라며 용기를 북돋운다.

하지만 포기하지 않는다는 신념을 키울 때 고려해야 할 것이 하나 있다. 현실 인식이다. 누가 보더라도 전혀 불가능한 일을 붙잡고 인생을 거는 것은 무모한 일이다. 기회비용을 생각하지 않을 수 없다. 처칠은 절대 포기하지 말라고 가르치면서도 자신의 명예가 걸렸거나 상식 밖의 일인 경우 고집하지 말라고 했다.

20
내일 걱정은 내일한테 맡겨라
• 걱정거리의 96%는 쓸데없는 것. 오직 현재에 열중해야 •

걱정에 관한 명언

> 문제의 해결책이 있다면 걱정할 필요가 없다.
> 해결책이 없다면 역시 걱정해도 소용없는 일이다.
> _달라이 라마
>
> 나는 일생을 전혀 발생하지도 않은 일을
> 걱정하다가 헛되이 보냈다.
> _마크 트웨인
>
> 과거는 이미 존재하지 않고,
> 미래는 아직 닥치지 않았으며, 존재하는 것은
> 오직 현재뿐이다. 현재 안에서만
> 인간의 영혼에 자유로운 신성이 나타난다.
> _레프 톨스토이

심리학 용어 '램프 증후군'을 들어보셨나요? 실제로 일어날 가능성이 없는 일에 대해 마치 알라딘의 요술램프 요정 지니를 불러내듯 수시로 생각하며 걱정하는 증상을 말한다. 이런 증후

군을 가진 사람이 참 많다. 걱정을 사서 하는 사람, 걱정을 끼고 사는 사람, 걱정도 팔자란 소리를 듣는 사람이다.

아마 나도 이런 부류에 속하지 싶다. 건강 걱정이 좀 심해서다. 꽤 오래된 이야기다. 이유 없이 두통이 생겨 낫질 않기에 온갖 불안한 상상을 하게 되었다. 혹시 뇌종양 아닐까? 결국 병원에 가서 MRI를 찍어봐야 했다. 결과는 이상이 없었고, 두통은 씻은 듯이 사라졌다.

몇 년 후 한겨울 찬바람을 맞고 또 두통이 생겼다. 어지럼증이 동반돼 걱정하기 시작했다. 혹시 뇌졸중 증세 아닐까? 응급실로 가 MRI를 찍어보았다. 역시 결과는 이상 무, 머리는 금방 맑아졌다. 아내는 '건강염려증'이라 진단했고, 나는 수긍하지 않을 수 없었다.

살다 보면 걱정은 생기기 마련이다. 크고 작고의 차이일 뿐 세상만사 모두가 걱정거리인지도 모른다. 사실 적당한 걱정은 삶에 도움이 된다. 닥쳐올 일에 미리 대비함으로써 위험 요소를 제거할 수 있다. 더 큰 발전을 위한 노력을 유인할 수 있는 긍정 심리이기도 하다.

과유불급이라고, 너무 많은 것이 문제다. 심한 걱정은 스트레스의 주범이다. 도가 지나치면 우울증이나 불안장애를 가져온다. 공황장애, 신체 통증의 원인이 되기도 한다. 걱정의 영어 표현 'Worry'의 어원이 '목 조르다, 질식시키다'를 의미하는 독일어 'Wurgen'임은 우연이 아니다.

그런데 대부분의 걱정은 괜히, 쓸데없이 하는 것이다. 심리학자 어니 젤린스키는 이런 연구 결과를 내놨다. "우리가 하는 걱정거리의 40%는 절대 일어나지 않을 사건들에 대한 것이고, 30%는 이미 일어난 사건들, 22%는 사소한 사건들, 4%는 우리가 어찌할 수 없는 사건들에 대한 것들이고, 나머지 4%만이 우리가 대처할 수 있는 진짜 사건이다. 즉 96%의 걱정거리는 쓸데없는 것이다."(문신원 옮김 '느리게 사는 즐거움')

생텍쥐페리의 〈어린 왕자〉에도 괜한 걱정을 경계하는 말이 나온다. "지난달에는 무슨 걱정을 했지? 그것 봐, 기억조차 못하고 있잖아. 그러니까 오늘 네가 걱정하는 것도 별로 걱정할 일이 아닌 거야. 잊어버려. 내일을 향해 사는 거야." 그렇다. 걱정은 내일의 슬픔을 덜어주기보다 오늘의 즐거움을 앗아갈 뿐이다. 내일을 준비하는 데도 걸림돌이 된다.

걱정이란 게 요물이어서 아무리 억제해도 자꾸 생기는 것이 문제다. 영국 작가 G.K. 체스터튼은 '걱정거리란 어린아이와 같다'고 했다. 어린아이처럼 보살피고 돌볼수록 쑥쑥 자란다는 것이다. 난감한 일이 아닐 수 없다. 심리학자들은 사색하는 시간을 가져라, 독서하라, 일기를 써라, 주변 사람들에게 걱정거리를 털어놓아라 등등 좋은 조언을 많이 한다. 그럼에도 걱정이 꼬리에 꼬리를 무는데 어찌할 것인가.

최고의 걱정 퇴치법은 현재를 즐기려는 노력 아닐까 싶다. 과거도 미래도 그다지 중요하지 않다는 톨스토이의 조언은 그래서 좋다. 괴테도 "현재에 열중하라. 오직 현재 속에서만 인간은 영원을 알 수 있다"라고 했다. 성경의 가르침도 다르지 않다. 예수는 "내일을 걱정하지 마라. 내일 걱정은 내일이 할 것이다."라고 했다. 역시 카르페 디엠 Carpe diem 은 진리인가 보다.

21
젊은 날의 방황, 나쁘지 않다
• 내면의 소리 들을 수 있는 절호의 기회. 곧 새로운 길 보일 것 •

방황에 관한 명언

> 길을 잃는다는 것은 곧
> 새로운 길을 알게 된다는 뜻이다.
> _아프리카 속담
>
> 바보는 방황하고 현명한 사람은 여행을 떠난다.
> _토머스 풀러)
>
> 길이 막혔다면 원점으로 돌아가라.
> 미로에서 헤매느라 실마리를 찾지 못할 때는
> 초심으로 돌아가는 것이 뜻밖에
> 색다른 발견을 가져다줄 수도 있다.
> _쿠니시 요시히코

 주변을 둘러보면 방황하는 사람이 참 많다. 목표한 바를 이루지 못해 실의에 빠진 사람이 있는가 하면, 목표 자체가 흔들려 고민하는 사람도 있다. 진학, 직업, 결혼, 종교 등을 놓고 심리적 갈등을 많이 겪는다.

방황은 사전적으로 '이리저리 헤매어 돌아다님' 또는 '분명한 방향이나 목표를 정하지 못하고 갈팡질팡함'이란 뜻을 갖고 있다. 자신의 인생 북극성이 처음부터 보이지 않거나 갑자기 사라져버려 당장 어디로 가야 할지 앞이 캄캄해진다. 많은 사람이 경험하지만 자기만은 피해가고 싶은 게 방황이다. 막상 본인이 그 늪에 빠지면 인생이 고달파지기 때문이다.

인생에서 방황을 가장 많이 경험하는 연령대는 20대 중반 이후 30대 초반 아닌가 싶다. 대학을 졸업할 때까지 대략 부모가 안내해주는 길을 따라 걷다가 그 길이 갑자기 사라지는 것을 경험하기 때문이다. 자신의 인생 항로를 미리 개척하지 못한 상태에서 망망대해를 만난 꼴이다.

하지만 방황하는 자신을 자책할 필요는 없다. 정도의 차이일 뿐 어쩌면 우리 모두가 방황하기에 억울해할 필요는 없다. 괴테가 소설 〈파우스트〉에서 표현한 것처럼, 인간은 지향이 있는 한 모두가 방황하게 되어있다. 세상 자체가 불안정하고 흔들리기 때문에 내가 흔들리는 것은 지극히 정상이며 당연한 일이다. 흔들리는 것은 괜찮다. 침몰하거나 부서지지 않으면 된다.

특히 젊은 시절 방황은 긴 세월 지나서 보면 아름다울 수도 있다. 방황은 자신에게서 내면의 소리를 들을 수 있는 절호의 기회이기 때문이다. 지금까지 생각지도 못한, 전혀 새로운 길을 발견하거나 더 가치 있는 길을 찾아 나서는 여정이 될 수도 있다. 비로소 자기답게 사는 길을 개척할 수 있다는 것이다.

반대로 방황하지 않는 인생은 더 나아지려는 의지가 없음을 뜻한다고 할 수도 있다. 괴테가 "더 이상 사랑도 하지 않고 방황도 하지 않는 자는 무덤에 묻히는 편이 낫다"고 주장한 것은 이런 연유일 것이다.

국문학자 김열규 교수도 저서 〈그대 청춘〉에서 젊은이들에게 가급적 방황을 많이 하라고 조언했다. "값지고 빛나는 삶의 길은 충분한 헤맴 뒤에 그 모습을 나타낸다. 방황은 자주 상처를 입히고 때로 심장이 찢길 듯한 고통을 동반한다. 하지만 그 시련의 헤맴 없이는 영광의 카네이션도 흥겨운 뱃노래도 구할 길이 없다. 조급해하지 말고 충분히 헤매고 충분히 구하라."

방황은 일상의 매너리즘을 극복할 수 있는 기회이기도 하다. 방황이야말로 현재의 생활에 일대 변화를 가져다주기 때문이다. 헤르만 헤세가 이 부분을 정확하게 짚었다. "우리가 인생을 한 곳에 묶어두고 거기에 친숙해지는 순간 무기력감이 우리를 덮쳐온다. 언제나 떠나고 방황할 자세가 된 사람만이 '습관'이라는 마비 상태에서 벗어날 수 있다."

이렇게 보면 일생 한두 번 방황을 경험하는 건 전혀 문제가 되지 않는다. 오히려 장려할 일인지도 모른다. 하지만 방황하는 기간이 너무 길면 곤란하다. 제대로 된 삶의 방향을 찾지도 못한 채 귀중한 시간을 허비하는 사람을 흔하게 볼 수 있다.

　방황의 늪을 조기에 빠져나와 새로운 길을 찾는 데 독서와 여행만 한 것이 없다. 독서는 앞서간 사람들의 다양한 경험을 통해 마음의 나침반이 되어 준다. 여행은 사색의 기회를 가짐으로써 잃어버린 길 위에서 새로운 이정표가 되어줄 것이다.

22
이별, 더 큰 사랑으로 극복하라
● 슬픔을 온전히 받아들이면 더 성숙한 행복이 가능해진다 ●

이별에 관한 명언

> 만나고, 알고, 사랑하고, 그리고 이별하는 것이
> 우리 인간의 공통된 슬픈 이야기다.
> _새뮤얼 콜리지
>
> 태어난 모든 것들은 기약조차 없는
> 이별을 준비하고 있어야 한다.
> _발타사르 그라시안
>
> 사랑을 잃었을 때 치료법은
> 더욱 사랑하는 것밖에 없다.
> _헨리 데이비드 소로우

인생을 살다 보면 이별은 다반사다. 풋풋했던 첫사랑과의 헤어짐, 백년해로 약속했던 부부간의 이혼, 피를 나눈 부모 자식 간의 사별은 누구나 맞닥뜨릴 수 있는 인생사다. 세상에 아름답거나 기분 좋은 이별은 없다. 모든 이별은 눈물겹고 가슴 아프다. 영국 시인 콜리지가 이별을 '우리 인간의 공통된 슬픈 이야기'라고 묘사했기에 조금 위안은 되지만 각자가 슬픈 건 어쩔 수 없다.

이별의 아픔을 비교적 빨리, 손쉽게 극복하는 사람이 있는가 하면 매우 힘들어하는 사람도 있다. 연인과 헤어지고 그와의 인연을 끊지 못해 괴로운 나날을 보내는 사람을 우리는 흔하게 본다. 부모와의 사별은 크게 문제 되지 않지만 자식을 먼저 보낸 부모는 평생 가슴앓이하며 산다.

이별에 대한 오스카 와일드의 진단은 솔직해서 좋다. "한순간에 자신이 알던 사람과 이별해야 하는 일은 매우 슬픈 일이다. 오랜 시간이 지나야 친구가 그 자리에 더 이상 존재하지 않는다는 사실을 스스럼없이 받아들일 수 있게 된다. 늘 함께했던 이와의 이별은 그것이 일시적인 것이라도 늘 우리를 견딜 수 없게 만든다."

하지만 이별이 누구나 맞이할 수 있는 일상이라면 그것을 하루빨리 극복해내야 한다. 그렇지 않으면 우리 자신이 피폐해지기 때문이다. 후회나 안타까움 따위로 오랜 기간 슬픔에 빠져 있는 것은 인생 낭비가 아닐 수 없다. 어느 누구에게도 도움 되지 않는다.

이별에 임해서는 긍정 마인드가 중요하다. 이별의 부정적인 면만 들여다볼 것이 아니라 그 반대쪽을 살펴보아야 한다. 그래야 희망이 보인다. 만해 한용운의 시 '님의 침묵'에서 어렴풋 하나마 그 답을 찾을 수 있지 않을까 싶다. 시 마지막 부분이다.

"우리는 만날 때에 떠날 것을 염려하는 것과 같이 떠날 때에 다시 만날 것을 믿습니다 / 아아 님은 갔지마는 나는 님을 보내지 아니하였습니다 / 제 곡조를 못 이기는 사랑의 노래는 님의 침묵을 휩싸고 돕니다."

이별의 슬픔을 재회의 기대, 혹은 기쁨으로 승화시킴으로써 만남과 헤어짐의 경계를 허물고 있다는 느낌을 준다. 불교에서 말하는 '회자정리會者定離 거자필반去者必返' 가르침과 일맥상통한다.

그렇다. 만남의 인연을 억지로 만들 수 없듯이 이별의 인연도 억지로 막을 수 없다. 그것이 인생사 순리 아니겠나. 특히 준비되지 않은 이별의 경우 그 아픔과 슬픔은 상상을 초월할 정도로 크다. 하지만 그것을 피할 수 없다면 온전히 받아들임으로써 한 단계 성숙한 사람으로 거듭나야 한다.

현인들은 이구동성으로 이별을 경험해봐야 비로소 사랑의 참 의미를 깨달을 수 있다고 말한다. 칼릴 지브란도 그중 한 사람이다. "사랑은 떨리는 행복이다. 그러나 사랑은 이별의 시간이 될 때까지는 그 깊이를 알지 못한다." 이별은 가혹한 고통이지만 잘 견뎌내기만 하면 또 다른 사랑, 또 다른 행복의 문으로 들어갈 수 있다는 메시지로 들린다.

이별을 자신의 소중한 추억으로 승화시키라는 사람이 있는가 하면, 상대방이 더욱 행복해지는 계기를 만들라고 가르치는 이도 있다. "아름다운 이별은 없다. 다만 아름답게 사랑한 후에는 좋은 추억이 남는다. 소중한 추억을 남겨준 사랑이 감사하다."(샤론 스톤) "당신을 만나는 모든 사람이 당신과 헤어질 때는 더 나아지고 더 행복해질 수 있도록 하라."(마더 테레사)

23
'결국 잘 될 거야'를 주문처럼 외워라
● 자살 시도 직후 대부분 후회. 우울증 약 복용은 필수 ●

자살에 관한 명언

> 삶이 고단하고 힘들다고 죽으려 하지 마라.
> 어깨에 진 짐이야말로 인간의 목표를
> 달성시키는 데 도움이 될 것이다.
> 짐을 벗어버리는 유일한 길은 목표를
> 달성시킨다고 생각하며 살아가는 것이다.
> _랠프 왈도 에머슨

> 인간은 자기가 갇혀있는 감옥의 문을 두드릴
> 권리가 없는 죄수다. 인간은 신이 소환할 때까지
> 기다려야 하며 스스로 생명을 끊어서는 안 된다.
> _소크라테스

> 우울증 환자가 자살을 해야 할 정도로
> '전혀 해결할 수 없는 문제'를
> 안고 있는 경우를 나는 본 적이 없다.
> _데이비드 번스

　미국 영화 '베로니카, 죽기로 결심하다'는 고연봉 직장 여성이 음독 자살을 시도하다 실패한 뒤 병원생활 중에 삶의 의욕을 되찾는다는 내용을 담고 있다. 응급실을 거쳐 정신병원에 입원한 주인공 베로니카는 담당 의사로부터 "심폐소생술을 받는 과정에서 심장이 크게 손상돼 수개월밖에 살 수 없다"는 얘기를 듣게 된다.

그 후 베로니카는 입원 중인 사람들과 어울리면서 자살 시도를 후회하는 마음을 갖게 되었고, 의사를 찾아가 두 가지를 특별히 부탁했다. 삶의 한순간도 놓치기 싫으므로 살아 있는 동안 맑은 정신을 유지토록 하는 주사를 놓아달라는 것과 아직 하고 싶은 일이 너무 많으므로 퇴원시켜달라는 것이었다. 어젯밤에 더 살아야겠다는 결심을 했다고 고백하기도 했다.

의사가 이를 거부하자 베로니카는 입원 중에 알게 된 남자와 함께 병원을 탈출한다. 영화 말미에 담당 의사는 업무 인계하는 동료 의사한테 보내는 편지에서 사실은 베로니카에 대한 시한부 선고가 거짓이었음을 털어놓는다. 그에게 삶의 중요성을 일깨우기 위해 살 수 있는 날이 얼마 남지 않았다고 거짓말할 수밖에 없었다고 말한다.

자살 시도자의 심리 변화를 잘 묘사한 영화다. 그렇다, 자살 시도는 베로니카처럼 충동적으로 이뤄지는 경우가 많다. 심각한 절망감이나 죄의식을 이겨내지 못해 벼르고 별러서 시도하는 경우도 있지만 대다수는 즉흥적으로 이루어진다. 생각의 깊이가 얕은 청소년의 자살은 특히 그렇다.

EBS 교육방송이 미국 금문교에서 투신자살을 시도했다 극적으로 살아남은 '2%의 사람들'을 다룬 프로그램을 방영한 적이 있다. 이 프로에서 플로리다 대학 토머스 조이너 교수는 이들과 면담한 결과, 투신 직후 수면에 떨어질 때까지 약 4초 동안 한결같이 자신의 행동을 후회했다고 전했다. '방금 내가 무슨 짓을 한 거지'라는 생각과 함께 오로지 살고 싶다는 생각이 들었다는 것이다.

자살이 충동적, 즉흥적으로 이뤄진다지만 그 바탕이 모두 우울증이란 사실은 시사하는 바 크다. 우울증의 주요 원인인 염세, 질병, 신경쇠약, 실연, 가정불화 등이 도처에 널려있으니 자살이 좀체 줄어들지 않는 것이다. 우울증은 평생 5명 중 1명이 걸릴 정도로 아주 흔한 병인데도 우울증에 의한 자살 시도자의 85%가 항우울제를 복용하지 않는 것도 큰 문제다.

누구나 앓을 수도 있는 우울증은 항우울제와 함께 주변의 따뜻한 위로와 응원이 특효약이다. 심리학자 칼 구스타프 융의 제안이다. "우울증은 어둡고 긴 옷을 입은 여인과 같다. 그녀가 나타나면 그녀를 멀리하지 마라. 차라리 그녀를 받아들여 손님으로 대하고 그녀가 하고자 하는 말을 듣도록 하자."

두말할 필요도 없이 본인의 긍정적인 마인드가 중요하다. 어떤가, 나 같으면 이렇게 해보겠다. 첫째로 '결국 잘 될 거야, 나도 괜찮은 사람이야'라는 말을 주문처럼 외운다, 둘째로 매 순간 나를 사랑하는 가까운 사람들을 기억한다, 셋째로 지금 당장의 문제에만 관심을 집중한다. 자살, 절대로 하지 마라.

 자살하지 마라 / 별들은 울지 않는다 / 비록 지옥 말고는 아무 데도 / 갈 데가 없다 할지라도 / 자살하지 마라 / 천사도 가끔 자살하는 이의 손을 / 놓쳐버릴 때가 있다 / 별들도 가끔 너를 / 바라보지 못할 때가 있다. 정호승의 시 '별들은 울지 않는다'이다.

24
시간이 덜어주지 않는 슬픔은 없다
• 슬픔은 누구에게나 찾아오는 고통. 참고 기다리면 기쁨의 날 온다 •

슬픔에 관한 명언

삶이 그대를 속일지라도
슬퍼하거나 노여워하지 마라.
슬픔의 날을 참고 기다리면 기쁨의 날이 오리니.
_알렉산드르 푸시킨

슬픈 마음이여, 침착하고 탄식을 멈추어라.
구름 뒤엔 아직도 햇볕이 빛나고 있다.
_헨리 워즈워스 롱펠로우

슬픔이 여러분의 존재에 더욱 깊이
파고들면 들수록 여러분은
더 큰 기쁨을 지닐 수 있다.
_칼릴 지브란

사례 1 행복한 고추잠자리에게 큰 불행이 닥쳤다. 일가족이 한꺼번에 새한테 잡아 먹힌 것이다. 고추잠자리는 슬픔에 잠겨 죽음을 생각하며 숲속 요정을 찾아가 고민을 털어놨다.

요정은 그 자리에서 "1년 내에 마음의 아픔이 없는 곤충 한 마리만 데리고 오면 너의 상처를 말끔히 씻어주겠다"고 약속했다.

고추잠자리는 '그것쯤이야' 하고 자신했으나 아픔과 슬픔이 없는 곤충을 한 마리도 발견할 수 없었다. 걱정이라곤 전혀 없어 보이는 베짱이, 매미, 귀뚜라미, 여치 모두 슬픈 사연을 갖고 있었다. 고추잠자리는 그러나 요정을 다시 찾아갈 필요가 없었다. 왜냐하면 1년 동안 여러 곤충을 만나면서 자신의 아픔이 다 치유되었기 때문이다.

사례 2 세상을 떠나 천국으로 가다 보면 '슬픔의 나무'가 나온다. 사람들은 천사의 안내로 자신이 겪은 슬픔을 적어 나뭇가지에 걸어두게 되어 있다. 누구나 자신의 슬픔을 걸어놓은 뒤 다른 사람들의 슬픔을 살펴보고 가장 가벼운 슬픔을 하나 선택해서 가져갈 수 있다.

그런데 대부분의 사람은 금방 자기가 걸었던 슬픔을 되가져간다. 자기만큼 큰 슬픔을 겪은 사람이 어디 있을까 싶지만 다른 사람들의 슬픔을 살펴보면 자기가 겪은 슬픔이 별것 아니라는 사실을 깨닫게 된다. 탈무드에 나오는 이야기다.

그렇다. 세상 사람들은 모두 슬픔을 안고 산다. 슬픔은 누구에게나 파고든다. 아기가 태어날 때 세상과 처음 만나는 기쁨의 웃음소리를 내지 않고, 엄마 뱃속과 이별하는 슬픔의 울음

소리를 내는 걸 보면 슬픔은 우리 인간의 숙명인지도 모른다. 슬픔이 나한테만 찾아오는 고통이 아님을 깨닫고 빨리 힘을 내야 하는 이유다.

그래서 현인들은 저마다 슬픔 뒤에는 반드시 기쁨이 찾아올 것이며, 성숙을 통해 더 큰 행복을 느낄 수 있다고 가르쳤나 보다. "깊은 혼돈을 빠져나와 슬픔을 극복한 사람만이 갖는 상상력, 아름다움, 이해력, 포용력, 사랑을 통해 그 모든 것을 갖춘 어른스러운 사람이 될 것이다." 〈혼자 있는 시간의 힘〉 저자 사이토 다카시 교수의 통찰이다.

하지만 지금 당장 나한테 닥친 슬픔은 고통임에 틀림없다. 불치병, 가족의 죽음, 연인과의 이별, 입시나 취업 실패, 실직 등은 참담하다. 주변 사람들이 위로해 주지만 별 도움되지 않는 경우가 많다. 홀로 남게 되면 눈물이 쏟아지는 건 어쩔 수 없다. 거기다 이웃의 고통을 불편하게 바라보는 구경꾼들은 하루빨리 일상으로 돌아오라고 다그치기 일쑤여서 고통은 더 커진다.

결국 스스로 일어서야 한다. 슬픔을 참기보다 눈물이 나면 실컷 울고, 무정하게 흐르는 세월에 몸을 맡겨야 한다. "눈물이 흐르도록 내버려 둬라. 눈물이 멈추도록 내버려 둬라. 가슴속 가장 깊은 곳에 있는 비통함까지 다 끌어올리도록 이 비통함의 끝이 보이도록 그냥 내버려 둬라." 로마 철학자 세네카의 조언이다.

울고만 있을 순 없다. 자기 자신을 되찾아야 한다. 심리치료사 메건 더바인의 조언에 귀 기울여보자. "슬픔의 길 위에 있는 우리 중 그 누구도 다시 예전의 삶이나 예전의 자신으로 되돌아가지 못할 것이다. 우리가 할 수 있는 일은 훼손된 부분을, 우리 삶 속에 뻥 뚫린 구멍들을 그대고 받아들이는 것이다. 우리는 남아 있는 잔해에 친절과 사랑으로 다가가야 한다. 그러한 대폭발에서 살아남은 우리 자신의 일부에 대해 경의를 표해야 한다." _김난령 옮김 '슬픔의 위로'

25

두려움, 정면으로 맞서야 사라진다

• 피하지 말고, 이해하고, 평온한 마음으로 근원을 찾아라 •

두려움에 관한 명언

당신이 가장 두려워하는 것을 찾아라.
진정한 성장은 그 순간부터 시작된다.
_칼 구스타프 융

두려움은 당신의 적이 아니다. 그것은 당신이
성찰할 필요가 있는 영역을 가리키는 나침반이다.
_스티브 파블리나

꿈을 불가능하게 만드는 존재는 단 하나뿐이다.
바로 실패에 대한 두려움이다.
_파울로 코엘료

1929년 미국을 강타한 경제위기, 대공황은 미국인들을 일순 공포의 도가니로 몰아넣었다. 눈부신 경제성장으로 최고의 풍요를 누리던 중 느닷없이 주가 폭락, 기업도산, 대량실업이 몰아쳐 미국인들을 두려움에 떨게 한 것이다. 대공황이 절정에 달한 1933년 프랭클린 루스벨트는 대통령 취임사에서 "우리가 두려워할 것은 두려움 그 자체뿐"이라고 역설했다.

국민들에게 엄습한 불안감을 가라앉히려고 그는 두려움 자체가 그다지 나쁜 것이 아니라고 말했다. 걱정할 것은 오직 두려움뿐이기에 두려워할 이유가 없다는 것이다. 루스벨트 대통령은 뉴딜정책으로 대공황을 무사히 수습했으며, 국론을 모아 2차 세계대전도 승리로 이끌었다. 그의 '두려움' 발언은 위기극복에 큰 보탬이 된 것으로 역사가들은 진단한다.

두려움은 실체가 없다고 말하는 사람도 있지만 나는 그렇게 생각하지 않는다. 불확실한 미래를 살아가야 하는 인간이 두려움을 느끼는 것은 엄연한 사실이다. 현대인들에게만 그럴까. 고대 원시인들은 내일 당장 태양이 떠오르지 않으면 얼어 죽을 수도 있다는 두려움에 떨지 않았을까 싶다. 따라서 두려움은 '인간이 느낄 수 있는, 역사가 가장 깊고 강력한 감정'이라는 말에 오히려 나는 동의한다.

두려움은 위험한 상황에서 안전을 지켜주기도 하지만 심하면 의욕 상실, 도전 포기로 이어지기 십상이다. 두려움은 우리의 뇌를 방전시키곤 한다. 심리적 압박이 커져 공황장애를 유발하는 이유다. 두려움은 이성적 판단에 앞서 감각적으로 느끼는 무의식적 감정이다. 그래서 쓸데없이 확대, 증폭되는 경향이 있다.

두려움이 실체가 있고 증폭되는 감정이라면 방치해선 안 된다. 피할 것이 아니라 정면으로 맞서야 한다. 아니 전쟁을 선포해야 한다. 맞서기 위해서는 그 실체를 알아내고 이해해야 한다. 노벨 물리학상에 이어 화학상까지 받은 마리 퀴리는 이렇게 말했다. "삶에서 두려워할 것은 없다. 오로지 이해할 것만이 있을 뿐이다. 이제 더 많은 것을 이해할 때이다. 그러면 덜 두려워하게 될 것이다."

마리 퀴리의 말은 두려움의 근원을 찾아내는 게 중요하다는 의미 아닐까 싶다. 자신의 두려움이 왜, 그리고 어디서 왔는지 알아내어 당당하게 드러낼 필요가 있다는 것이다. 근원을 찾다 보면 내가 느끼는 두려움이 그다지 크지 않다는 사실을 깨달을 수 있을지도 모른다. 앞길을 가로막는 게 두려움이 아니라 자기 자신이라는 사실을 알게 될지도 모른다.

또 우리 모두가 느끼는 수준의 두려움을 자기 혼자 느끼고 있는 것으로 착각하고 있음을 확인하게 될지도 모른다. 스코틀랜드 사람들은 이런 기도를 한다고 한다. "여기, 우리 모두 두려움과 걱정을 갖고 있나이다. 우리의 기도에 그대의 영혼을 더하소서. 가만히 우리의 천사가 되소서." 자신의 두려움을 제대로 이해하고 나면 대부분 그것을 자기 통제하에 둘 수 있을 것이라 생각된다.

그래도 두려움이 두렵다면 사색이나 명상을 하며 일기를 써보자. 많은 사람이 권하는 두려움 퇴치법이다. 일기 쓰기는 두려움을 마주하고 이해하면서 스스로 극복할 수 있는 정신 수양법이다. 평온한 분위기에서 일기를 쓰다 보면 긍정 마인드로 무장이 되면서 어느새 두려움이 사라질 것이다.

세월도 두려움 퇴치에 도움을 줄 것이다. "어떤 일이든 일어나게 놔둬라, 기쁨이든 두려움이든. 그냥 내버려 두어라. 어떤 감정이든 사라지게 마련이다." 라이너 마리아 릴케의 말이다.

26
화는 남보다 나를 더 해친다
• 분노 표현은 무조건 내일로 미루고, 큰 소리로 껄껄 웃자 •

화에 관한 명언

> 화가 나더라도 죄는 짓지 마십시오.
> 해가 질 때까지 노여움을 품고 있지 마십시오.
> _성경
>
> 1분 동안 화를 낼 때마다
> 당신은 60초 동안의 행복을 잃는다.
> _랠프 왈도 에머슨
>
> 지독히 화가 날 때는 떠나간 사람을 떠올리며
> 삶이 얼마나 덧없는가를 생각해 보라.
> _마르쿠스 아우렐리우스

 몽골제국 칭기즈칸의 젊은 시절 일화 한 토막. 사냥을 나갔다가 목이 말라 샘물을 바가지에 떠 마시려고 하자 데리고 다니던 사냥 보조용 매가 바가지를 후려치는 바람에 물을 엎질러버렸다. 매는 물을 뜰 때마다 같은 짓을 반복했다. 잔뜩 화가 난 칭기즈칸은 칼을 뽑아 매를 죽이고는 다시 물을 떠 마시려 했다.

그때 샘터 위쪽을 쳐다봤더니 큰 독사 한 마리가 죽어 있는 게 아닌가. 매가 주인의 생명을 지키기 위해 돌출 행동을 한 것인데 칭기즈칸은 이를 모른 채 죽이고 만 것이다. 그는 자신의 행동을 크게 후회하며 "내가 오늘 큰 가르침을 얻었다. 앞으로 화가 났을 때는 어떠한 결심도, 행동도 하지 않겠다"고 다짐했다.

그렇다. 욱하며 내는 화는 남을 해치기도 하지만 자기 자신을 해칠 수도 있기 때문에 참는 것이 좋다. 화가 나는 것과 화를 내는 것은 다르다. 화가 나는 것은 자연스러운 일이며, 어찌할 수 없는 감정이다. 하지만 화를 내느냐 참느냐는 선택의 문제다.

화가 전적으로 나쁜 것만도 아니다. 일찍이 아리스토텔레스는 화가 필요하며, 고결하다고까지 했다. 화가 많은 사람은 대체로 열정이 많으며, 추진력이 뛰어나기 때문에 적절히 통제할 수만 있다면 삶에 긍정적인 에너지가 될 수도 있다.

하지만 화는 인간이 느끼는 가장 격렬하고도 파괴적인 감정이기 때문에 자제되어야 한다. 화는 자신의 마음에 불을 지르는 행위라 해서 틀리지 않다. 작은 성냥불이 초대형 산불로 번져 파멸을 부를 수 있음은 분명한 사실이다. 로마 철학자 세네카는 〈화에 대하여〉란 책에서 어떤 경우에도 화는 불필요하다고 주장했다.

화를 자제해야 하는 가장 큰 이유는 대부분의 경우 자기 자신에게 해가 되며, 주어진 행복을 빼앗아가기 때문이다. 마크 트웨인은 "분노는 그것을 붓는 곳보다도 담고 있는 그릇을 더 많이 손상시키는 염산과 같다"고 했고, 알렉산더 포프는 "화를 내는 것은 남의 잘못에 대한 보복을 우리 스스로에게 하는 것"이라고 했다. 김수환 추기경은 "화내는 사람은 언제나 손해를 본다. 화내는 사람은 자기를 죽이고 남을 죽이며 아무도 가까이 오지 않아 늘 외롭고 쓸쓸하다"고 말했다.

너무나 당연한 말이지만 화는 빨리 풀어야 한다. 품고 있으면 화병이 된다. 성경에는 해가 질 때까지 노여움을 품고 있지 말라고 했다. 화를 자제하고 푸는 방법에 대한 현인들의 조언을 종합하면 대략 이렇다. 마음을 진정시킨 뒤 말할 것, 생각한 뒤에 말할 것, 천천히 말할 것, 숫자를 천천히 세어볼 것, 자리를 떠날 것, 자신의 화난 모습을 거울에 비춰볼 것, 화가 난 이유와 생각을 글로 적어볼 것, 껄껄 웃어볼 것.

가장 좋은 방법은 역시 세네카의 가르침처럼 마음을 진정시켜 화를 유예하는 것 아닐까 싶다. 체코에는 "내일로 미뤄야 할 유일한 것은 분노다"라는 속담이 있다. 화를 내일까지 미루면 대부분 풀리지 않을까.

우리가 화를 내며 살기에는 인생이 너무 짧다는 세네카의 지적은 2000년 세월이 흘러도 가슴에 와 닿는다. "화가 당신을 버리는 것보다 당신이 먼저 화를 버려라. 그동안 다른 사람들을 괴롭히고 우리 자신도 괴롭히며 고통을 안겨준 화, 우리는 좋지도 않은 그 일에 귀한 인생을 얼마나 낭비하고 있는가. 화를 내며 보내기에는 우리 인생이 얼마나 짧은가."

27
남과 비교하는 것은 기쁨을 훔쳐가는 도둑

• 시기, 질투는 언제나 남을 쏘려다가 자기 자신을 먼저 쏜다 •

시기, 질투에 관한 명언

시기심은 살아 있는 자에게서
자라다 죽을 때 멈춘다.
_오비디우스

질투는 휴일이 없다.
질투는 가장 사악하고 비열한 감정이다.
이는 악마의 속성이다.
_프랜시스 베이컨

질투심 많은 사람은 이웃 사람들이
살이 찔 때 마르게 된다.
_호라티우스

시기, 질투는 영성이 뛰어난 수도사도 피할 수 없다는 이야기가 있다. 나이 지긋한 수도사가 수련을 위해 사막에서 금식 기도를 하고 있었다. 마귀는 기도를 중단시키고자 산해진미를 먹어보라고 꼬셨지만 그는 끄떡도 하지 않았다. 미인계도 소용이 없었으며, 극도의 공포감을 조성하는데도 미동조차 하지 않았다.

약이 바짝 오른 마귀는 최후 수단으로 수도사에게 이렇게 말했다. "그런데 말이야, 오늘 교구 승진 인사에서 당신 동생이 주교가 되었다고 하네." 그러자 수도사는 벌떡 일어서며 "진짜야? 말도 안 되는 승진 인사"라며 고함을 질렀다고 한다.

시기, 질투심은 인간의 본성에 속한다. 로마 시인 오비디우스는 죽어야 시기심이 멈춘다고 했고, 철학자 베이컨은 질투에 휴일이 없다고 했으니 말이다. 성경에서도 형 가인의 동생 아벨 살해 사건을 비롯해 시기, 질투 장면이 무수히 등장한다. 하느님도 질투한다고 했으니 무슨 말을 더 하겠는가.

시기, 질투심은 잘만 활용하면 성장, 발전의 동력이 될 수도 있다. 시기심을 바탕으로 상대방을 이기겠다는 열정을 갖는다면 당연히 장려할 일이다. 붓다는 "부처를 만나면 부처를 죽이고, 스승을 만나면 스승을 죽이라"고 말하지 않았던가. 천재 시인 기형도가 남긴 '질투는 나의 힘'이란 시도 같은 맥락으로 이해된다.

우리가 단순히 시기심을 갖는다고 해서 양심의 가책을 느낄 필요는 없다. 심리학에선 누구에게나 남의 불행이나 고통에 기쁨을 느끼는 감정이 있다고 진단한다. 독일어 샤덴프로이데 Schadenfreude가 그것이다. 미국 소설가 고어 비달은 "친구가 성공할 때마다 나는 조금씩 죽는다"라고 고백했다. '배가 고픈 것은 참을 수 있지만 아픈 것은 참기 어렵다'는 우리 속담도 이와 다르지 않다.

문제는 그 정도가 심해 남이 잘되는 것을 공연히 미워한 나머지 그를 끌어내리려고 모함하거나 치졸한 방법으로 음모를 꾸미는 경우다. 이럴 경우 건강했던 인간관계가 깨지고 자기 주변을 피폐하게 한다. 철학자들이 시기, 질투심을 이구동성으로 사악하고, 비열하고, 추악하고, 반사회적인 감정이라고 규정한 이유 아닐까.

그런데 시기, 질투심이 자기와 아주 가까운 사람에게 잘 생긴다는 것은 안타깝고도 부끄러운 일이다. 위에 소개한 악마의 수도사 유혹 얘기나 가인의 아벨 살해 사건이 이를 말해준다. '거지는 거지를 시기하고 시인은 시인을 시기한다'는 그리스 서사시인 헤시오도스의 표현은 절묘하다. 가슴 아픈 일이 아닐 수 없다.

시기, 질투심을 경계해야 하는 더 큰 이유는 그 대상인 남보다 자기 자신을 더 크게 망칠 수 있다는 점이다. 시기심이 생겨 남을 해치고자 음모를 꾸미다 오히려 자신이 낭패당하는 사례를 우리는 자주 본다. 그리스 신화에 '시기는 자신의 화살로 자살하는 행위다"라는 말이 나온다. 호라티우스와 맹자도 비슷한 말을 했다.

이럴진대 시기, 질투심은 '마음 챙김'을 통해 애써 줄여나가야 한다. 그 지름길은 잘되는 남과 비교하는 마음을 가급적 갖지 않는 것 아닐까 싶다. 시어도어 루스벨트는 "비교는 기쁨을 훔쳐가는 도둑"이라고 했다. 비교하지 않는 마음 갖기란 결코 쉽지 않다. 수양이 필요하다. 타인의 행복에 조금은 기쁨을 함께할 수 있어야 하지 않겠는가. 불교에서 말하는 '무디타Mudita'가 바로 그것이다.

28
후회는 자신의 현재를 고문하는 것
• 과거의 자기 잘못을 스스로 용서하고 '카르페 디엠' 실천하라 •

후회에 관한 명언

> 절대 후회하지 마라.
> 좋은 일이라면 그것은 멋진 일이다.
> 나쁜 일이라면 그것은 경험이 된다.
> _빅토리아 홀트

> 절대 후회하지 말 것, 뒤돌아보지 말 것을
> 인생의 규칙으로 삼아라.
> 후회는 쓸데없는 기운의 낭비다.
> 후회로는 아무것도 이룰 수 없다.
> _캐서린 맨스필드

> 절대 어제를 후회하지 마라.
> 인생은 오늘의 나 안에 있고
> 내일은 스스로 만드는 것이다.
> _론 허바드

영국 수상을 지낸 윈스턴 처칠은 노년에 기자한테 이런 질문을 받았다. "만일 한평생을 다시 살 수 있는 기회가 주어진다면 어떻게 살고 싶습니까?" 그의 대답은 이랬다. "내가 인생을 다시 산다 해도 지금의 인생과 별 차이가 없을 것입니다."

한마디로 후회 없는 인생을 살았다는 회고다. 처칠은 하원의원, 장관, 수상을 지내면서 영웅적인 생을 살았으며 저술가로도 활동해 노벨 문학상까지 받았다. 영국인들에게 '가장 자랑스런 영국인이 누구냐'라고 물으면 뉴턴과 셰익스피어를 제치고 단연 1위를 차지한다니 참으로 성공적인 삶을 살았다고 봐야 할 것이다.

후회하지 않는 인생이 없다는데, 스스로 당당한 처칠을 부러워하지 않을 수 없다. 화끈하게 피었다 지는 벚꽃을 연상케 한다. "벚꽃도 지면서 후회를 할까? 정말 찰나를 살다가는 그들이지만 슬픔이나 미련은 없는 것 같다. 아마도 그건 살아있는 동안 최선을 다해 열심히 살았기 때문이리라." 오츠 슈이치가 저서 〈죽을 때 후회하는 스물다섯 가지〉_황소연 옮김에서 한 말이다.

하지만 벚꽃 같은 인생은 극히 드물다고 봐야겠다. 우리 대부분은 후회의 연속이다. 노인은 말할 것도 없고 10대 청소년도, 30대 청년도 후회하며 살아간다. 그러나 후회할 게 많다고 자책할 필요는 없다. 후회는 잘못을 깨닫고 반성할 수 있는 기회가 되기에 반드시 나쁘지만은 않다. 그리스 자연철학자 데모크리스토의 말은 큰 위안이 된다. "그릇된 행동에 대한 후회는 인생을 구원해주는 은총이다." 소를 잃고 후회하며 외양간을 잘만 고치면 다시는 잃지 않을 것이다.

문제는 후회의 정도가 심해 자학에 이르는 경우다. 끊임없는 후회는 독과 같다. 쇼펜하우어는 "후회는 자신을 고문하는 것"이라고 했다. 슬픔, 상실감, 분노, 부끄러움, 절망, 자포자기에 빠지면 자기만 손해다. 자살 행위와 별반 다르지 않다.

이런 사람에게 꼭 필요한 말이 '후회해봤자 달라지는 건 아무것도 없다'는 것이다. '그때 했더라면' 혹은 '그때 하지 않았더라면'이라고 되새겨본들 무슨 소용이 있겠는가. 과거는 이미 흘러간 물 아닌가. 지난 일을 후회하고 한숨 쉬며 그 자리에 머물러 있다면 현재마저 또 다른 후회의 순간이 될 것이다. 현인들이 이구동성으로 '절대로'를 강조하며 후회하지 말라고 조언하는 것은 이 때문이다.

후회의 늪에서 벗어나려면 먼저 자기 자신을 용서해야 한다. 잘못된 판단과 행동에 사로잡혀 화만 내선 안 된다. 잘못한 일을 굳이 기억에서 지울 필요는 없다. 사실 그대로 받아들이는 것이 중요하다. 10번, 100번 잘못을 했더라도 그것이 언젠가 나에게 살과 피가 될 것이라 긍정적으로 생각할 필요가 있다.

우리에겐 잘했든 못했든 과거가 있기에 현재와 미래가 있다. 하지만 후회할 게 많다면 일단 과거에서 한 발 빼는 게 좋을 것이다. 덴마크 철학자 키에르케고르는 "인생은 뒤돌아볼 때 비로소 이해되지만 우리는 앞을 향해 살아가야 하는 존재다"라고 했다.

 반드시 앞을 멀리 쳐다봐야 하는 것도 아니다. 지금 현재 열심히 살면 된다. 과거를 후회하지 않는 것처럼 미래를 걱정할 필요가 없다는 말이다. '카르페 디엠Carpe diem'이 바로 그것이다. 대신 게으름 피우지는 말자. 한 번 사는 인생, 하루를 살아도 후회 없이 살아야 하지 않겠는가.

29
최고의 복수

• 용서하면 더없이 좋아. 아무리 화가 나도 앙갚음만은 단념해야 •

복수에 관한 명언

> '눈에는 눈'을 고수한다면
> 세상에는 장님밖에 남지 않을 것이다.
> _마하트마 간디
>
> 이 세상에서 원한은
> 원한에 의해서는 결코 풀어지지 않는다.
> 원한을 버릴 때만 풀리나니
> 이것은 변함없는 진리다.
> _법구경
>
> 개에게 물린 상처는
> 개를 죽인다고 아물지 않는다.
> _에이브러햄 링컨

세상 살다 보면 복수심을 느낄 때가 종종 있다. '원수를 갚는다'는 식의 비장한 복수는 드물겠지만 누군가에게 상처를 입고 되갚아줘야겠다는 생각을 해보는 건 자연스런 일인지도 모른다.

복수는 나쁜 것인가. 아리스토텔레스는 저서 〈니코마코스 윤리학〉에서 복수의 감정이 미덕이자 이성적일 수도 있다고 주장했다. 복수는 누군가에게 무시당했을 때 자신의 지위와 명예를 회복시켜주는 감정이라는 것이 아리스토텔레스의 생각이었다. 그가 살았던 그리스 시대엔 아마 사적인 복수가 횡행했을 것이다. 그리스 신화에서 복수의 여신 메데이아가 오빠와 동생, 남편, 자녀까지 죽이고도 여생을 잘 사는 것으로 묘사된 걸 보면 복수가 일정 부분 미화되는 세상 아니었을까 싶다.

과거엔 중국이나 우리나라에서도 복수가 허용되었다. 아버지나 형제를 죽인 사람을 원수로 규정해 끝까지 추적해 살해하곤 했다. 그렇게 하지 않으면 겁쟁이로 지탄받았다. 중국에는 '30년 전의 일이라도 복수하지 않으면 사나이가 아니다'란 말이 지금도 전해지고 있다. 협객이 박수받는 세상이었을 것이다. 국가 형벌권이 확립되고 나서야 사적인 복수가 금지되었다.

복수는 인간의 극단적이며 원초적인 행위이기 때문에 필연적으로 또 다른 복수를 부른다. 보복이 그것이다. 복수를 국가의 배타적 형벌권에 포함시킨 것이 얼마나 다행인지 모른다. 원수를 사랑하라, 그리고 복수는 하느님한테 맡기라는 성경의 가르침은 그래서 좋다.

복수심을 불태우는 사람의 심리상태와 행동약식을 생각해보면 결코 바람직하지 않다는 것을 알 수 있다. 과거지향적 사고,

감정관리 소홀, 공감능력 부족, 흑백논리 몰입, 자기인식 부족이 그것이다. 이런 상태에서 복수를 실행할 경우 불행이 뒤따를 수밖에 없다. 원한은 결코 원한으로 풀 수 없다는 〈법구경〉의 가르침을 결코 무시할 수 없는 이유다.

복수를 하더라도 자기 삶에 도움이 되도록 실효성 있게 해야 하지 않을까. 복수하는 사람과 복수 당하는 사람 모두 피해만 입을 게 뻔하다면 당연히 단념하는 것이 좋을 것이다. "복수를 정당화할 수 있을 만큼 잘못된 일이 벌어졌을 때에만 복수의 감정이 덕일 수 있고, 그래서 행복에 도움이 될 수 있다. 복수는 똑같은 가해자가 앞으로 비슷한 잘못을 저지르지 않도록 막는 데 도움이 되어야 한다." 아리스토텔레스의 통찰이다.

가장 좋은 복수는 역시 복수하지 않고 용서하는 것이다. 성경의 가르침이 바로 그것이다. 서로 사랑하지 않고서는 복수의 고리를 끊을 수 없기 때문이다. 마틴 루터 킹은 말했다. "어둠으로 어둠을 몰아낼 수는 없습니다. 오직 빛으로만 할 수 있습니다. 증오로 증오를 몰아낼 수는 없습니다. 오직 사랑만이 그것을 할 수 있습니다." 에이브러햄 링컨은 평소 자신을 '오리지널 고릴라'라 부르며 못생긴 촌뜨기라고 경멸하던 정적 에드윈 스탠톤을 국방장관에 기용함으로써 화해했다. 칭송받는 링컨식 복수다.

현인들이 이구동성으로 강조하는 용서, 그러나 보통 사람들에게 쉬운 일은 아니다. 엄청난 인격 수양이 필요한 일이다. 그래서 나온 복수 방법이 상대방이 배가 아프도록 행복하게 잘 사는 모습을 보여주는 것이다. "잘 사는 것이 최상의 복수다." 영화 '대부'와 '러브스토리'를 제작한 로버트 에반스의 생각에 고개가 절로 끄덕여진다.

30
질병과 장애는 인생의 동반자
• 질병은 위대한 스승. 마음이 평온해야 몸속 상처가 아문다 •

질병, 장애에 관한 명언

질병은 인생을 깨닫게 해주는 위대한 스승이다.
_유럽 격언

나는 하나의 눈을 잃는 대신
천 개의 눈을 얻었다.
_로버트 서먼

질병은 죽음에 대한 수련이다.
병을 통해 인간은 성숙해진다.
병을 통해 인간은 죽음 저편의 세계를
깊이 묵상할 수 있게 된다.
_알베르 카뮈

　질병과 장애는 인생의 동반자다. "건강은 질병이 잠시 휴가를 떠난 상태"라는 독일 과학자 헬무트 발터스의 표현은 탁월하다. 실제로 우리 모두는 질병, 혹은 장애와 더불어 살아간다. 정도의 차이가 있을 뿐이다.

대학병원에 가보면 회복하기 힘든 중증환자가 왜 그렇게 많은지, 또 장애 시설에 가보면 각종 장애로 고생하는 사람이 왜 그렇게 많은지 모른다. 나이와 상관없다. 또 사설 운동시설에는 신체적 고통을 호소하는 사람이 부지기수다. 멀쩡하게 걸어 다니지만 이런저런 정신질환 약을 달고 먹는 사람도 많다.

그러니 질병이 있다고, 혹은 장애가 있다고 "왜 나한테만 이런 시련이 닥치느냐"고 원망하거나 억울해할 필요는 없다. 질병이나 장애가 있다고 반드시 불행한 것도 아니다. 단지 불편할 뿐 불행하지 않다는 증언은 수없이 많다. 서양 최초의 티베트 불교 승려인 로버트 서먼은 대학생 때 사고로 한쪽 눈을 잃었지만 다른 한쪽 눈이 건강하다는 사실에 무한한 감사의 마음을 갖고 살아간다.

질병이나 장애가 있다고 절망해서는 안 된다는 메시지를 온몸으로 전하고 다니는 사람이 있다. 언젠가 한국을 방문해 TV 프로그램에도 출연한 적이 있는 호주 출신 목사 닉 부이치치.

그는 몸통에 작은 왼발 하나만 달고 태어났다. 어릴 적 심한 우울증에 빠져 세 번이나 자살을 시도했으나 '신체 장애인이 너 말고도 많다'는 부모 격려에 힘을 얻어 정신적으로는 건강하게 성장했다. 대학에서 회계학과 재무학을 전공했으며, 목사 안수까지 받았다. 왼발의 두 발가락을 사용해 글씨를 쓰고, 발뒤꿈치와 발가락을 이용해 컴퓨터 자판을 두드린다.

특수장치를 이용해 골프도 치고 수영도 하고 드럼 연주까지 한다. 일찌감치 결혼해서 자녀도 뒀다. 지금은 비영리단체 '사지 없는 인생' 대표를 맡아 전 세계인들에게 희망과 용기를 불어넣고 있다. 그의 극기克己 사례를 생각하면 웬만한 질병이나 장애는 명함도 못 내민다.

"희망을 잃으면 팔다리를 잃는 것보다 훨씬 더 치명적이다. 자신을 어렵게 만드는 장애가 있다면 그 시련을 이겨낼 만한 능력도 축복으로 받았다고 믿어라." 닉 목사의 말이다. 그의 극기는 역시 시련에 굴복하지 않는 희망과 도전 덕분이다. 그가 입에 달고 사는 '나는 행복하다'는 고백이 얼마나 진정으로 다가오는지 모른다.

감당하기 힘든 질병을 경험하다 보면 인생을 새롭게 깨달을 수 있다. 질병을 인생의 훌륭한 교사라고 말하는 사람도 있다. 우리가 가진 탐욕을 걷어내고 세상을 향해 겸허한 마음을 가질 수 있음은 큰 수확이 아닐 수 없다. "질병은 일찍 도래한 일종의 노년이라고 볼 수 있다. 그것은 우리가 이 땅에 사는 존재라는 사실을 알고 겸손하도록 가르친다."(알렉산더 팝)

또 인생의 순리를 가르쳐 준다. "당신은 폭풍우를 잠잠하게 할 수 없다. 그러니 애쓰지 마라. 당신이 할 수 있는 것은 스스로 잠잠히 있는 것이다. 그러다 보면 폭풍우는 지나간다." 미국 작가 팀버 호크아이의 질병 대처법이다.

본인, 혹은 가까운 사람이 큰 병에 걸렸다면 치료는 의술에 맡기고 삶의 의미를 참되게 되새기는 노력을 해보는 게 어떨까 싶다. 매사에 만족하고 감사하는 마음, 주변 사람들과의 관계 개선 노력, 기도하는 자세가 중요할 것 같다. 그러면 일상에 평화가 도래할 것이다. 마음이 평온해야 몸속 상처가 아문다.

31
죽음, 식탁에서 말할 수 있어야 한다
• 두렵다고 금기시할 게 아니라 평소에 공부하고 연습하는 게 좋다 •

죽음에 관한 명언

> 이별의 시간이 왔다. 우린 자기 길을 간다.
> 나는 죽고 너는 산다. 어느 것이 더 좋은가는
> 신만이 안다.
> _소크라테스

> 죽음은 고향으로 가는 것이다.
> 죽음은 삶의 계속이고 완성이다.
> _마더 데레사

> 살아 있을 때에는 죽음이 없고
> 죽었을 때에는 우리가 존재하지 않는다.
> 그러므로 죽음의 공포를 버려라.
> _에피쿠로스

죽음은 숙명이다. 어느 누구도 그것을 피해갈 수 없다. 진시황도 죽었고 나폴레옹도 죽었다. 부모, 형제, 친구의 죽음을 맞이하고 자식이 먼저 죽는 참척을 경험하는 사람도 있다. 그러다가 마침내 우리 자신에게 죽음이 찾아온다. 인생에 허무를 느끼기 일쑤다.

죽음은 누구나 무서워한다. 한 번도 가보지 않은 길을 극한의 두려움 속에 혼자 걸어가야 하는데다 사랑하는 사람들과 영영 헤어져야 하기 때문이다. 노년까지 오래도록 살면 모를까 청년, 중년에 큰 병에 걸리거나 갑작스런 사고로 목숨을 잃는 경우를 생각하면 공포를 느끼지 않을 수 없다.

저명한 사상가나 예술가들도 별수 없다. 많은 사람이 '죽음을 두려워할 필요 없다'는 명언을 남겼지만 진심인지 의문이다. 죽음을 초월했다기보다 죽음의 두려움을 덜기 위해 스스로 최면을 거는 말 아닐까 싶다. 아내가 죽자 술독을 부둥켜안고 노래 불렀다는 장자 스토리도 후세에 누군가가 지어낸 이야기라 생각된다.

죽음 앞에 초연했던 대표적인 인물은 소크라테스다. 슬퍼하는 친구들을 질책하며 침착하게 독배를 마시는 모습은 자못 감동적이다. 죽음에 임하는 그의 마음가짐은 후세 사람들에게 많은 영감을 준다. "죽음은 완전한 무無의 상태로 아무것도 느끼지 못하거나 아니면 전해지는 바와 같이 영혼이 주거를 옮기듯이 이 세상에서 저 세상으로 옮겨가는 것 둘 중 하나입니다. (중략) 무엇보다 (죽음이) 즐거운 일은 먼저 죽은 사람들에게 누가 진정한 지자智者이고 누가 그렇지 않은지 묻고 논쟁하며 시간을 보낼 수 있다는 점입니다." 플라톤의 저서 〈소크라테스의 변명〉에 나오는 전언이다.

본인의 죽음은 말할 것도 없거니와 가족이나 지인의 죽음은 사는 동안 여러 번 겪어야 하기 때문에 큰 고통이 아닐 수 없다. 친지의 죽음은 엄청난 스트레스를 유발한다. 병원에서 종합검진을 받아보면 자기 설문지에 1년 이내 가족 사망 여부를 묻는다. 가족의 죽음이 미치는 심리적 충격이 얼마나 크기에 이런 질문을 하나 싶다.

죽음이 숙명이라면 받아들이는 연습을 해야 한다. 나의 죽음이든 친지의 죽음이든 그것을 회피하거나 금기시해서는 안 된다. 공포감이나 허무주의에 휩싸이지 않기 위해서는 죽음을 늘 말하고 생각하고 공부할 필요가 있다. 미국 작가 마이클 헵은 "사랑하는 사람과 저녁 식탁에서 죽음을 이야기하라"고 권한다.

평소에 죽음을 생각하고 이해하려고 노력하면 현재의 삶이 충만해진다. 좀 더 가치 있는 삶을 찾아 나서기 때문이다. 레오나르도 다빈치는 "잘 보낸 하루가 행복한 잠을 가져오듯이 잘 사는 인생은 행복한 죽음을 가져온다"고 했고, 레프 톨스토이는 "삶을 깊이 이해하면 할수록 죽음으로 인한 슬픔은 그만큼 줄어든다"고 했다. 그래서 삶과 죽음은 하나인가 보다.

기독교 신자인 '100세 철학자' 김형석 교수는 죽음의 대비책으로 죽음 이후를 생각하는 게 중요함을 강조한다. "죽음을 달게 각오하는 사람만이 삶의 참되고 영원한 값을 얻게 된다. 말하자면 죽음을 각오함이 없이는 참 삶을 차지할 수 없는 것이 우리들 인생이다." 불교 등 다른 종교의 사생관도 크게 다르지 않다. 예수나 석가, 소크라테스 모두 죽음을 전제로 인류에게 위대한 교훈을 남겼으니까.

CHAPTER 3

마음껏 사랑하라

32

사랑, 아낌없이 주면 반드시 돌아온다

● 인류 최고의 발명품. 받고 싶다면 지금 당장 줘라 ●

사랑에 관한 명언

> 사랑이여, 너야말로 진정한
> 생명의 꽃이며 휴식 없는 행복이다.
> _요한 볼프강 폰 괴테
>
> 사랑 받고 싶다면 사랑을 하라.
> _벤저민 프랭클린
>
> 연애할 때 사람은 모두 시인이 된다.
> _플라톤

사랑은 인류 최고의 발명품이다. 인간사에서 더없이 위대한 것이며, 행복의 원천이다. 진리 그 자체라 할 수 있다. 사람은 서로 사랑을 주고받을 수 있기에 비로소 삶에 의미를 찾을 수 있기 때문이다. 연애, 결혼, 출산, 효도, 우정, 선행, 봉사, 희생, 행복, 용서, 칭찬은 모두 사랑을 기반으로 한다.

그래서 수많은 철학자, 작가, 예술가 등 현인들이 앞다퉈 사랑을 탐구하고 노래했나 보다. 일과 더불어 사랑이 삶의 전부라고 선언한 프로이트의 성찰이 대표적이다. 오스트리아 작가 프리드리히 할름의 통찰도 깊이가 있어 좋다. "사랑이란 하늘에서 우리를 이끌어가는 별이며, 메마른 황야에서는 한 점의 초록색이며, 회색의 모래 속에 섞인 한 알의 금이다."

사랑의 종교임을 표방한 기독교에선 믿음, 소망, 사랑, 세 가지를 특별히 강조하면서도 그 가운데 사랑이 으뜸이라고 가르친다. 대표적 성경 구절 하나만 소개한다. '사랑은 참고 기다리며, 친절하고, 시기하지 않으며, 무례하지 않고, 모든 것을 덮어 준다.' 불교나 이슬람교의 가르침도 크게 다르지 않을 것이다.

그런데 다들 사랑은 받는 것보다 주는 것이 더 좋다고 말한다. 아니 받을 생각하지 말고 그냥 주라고 조언한다. 철학자 칸트와 니체도, 작가 톨스토이와 생텍쥐페리도 주는 사랑을 강조한다. 성녀 마더 테레사는 아예 "강렬한 사랑은 판단하지 않는다. 주기만 할 뿐이다"라고 했다.

그럼 대중음악이 되다시피 한 유명 복음성가 '당신은 사랑받기 위해 태어난 사람'은 뭐란 말인가. 사랑을 주기 위해 태어난 것이 아니라 받기 위해 태어났다니. 하지만 가사를 자세히 들여다보면 다른 '사람'에게 사랑받는 게 아니라 하느님에게 사랑받기 위해 태어났다는 뜻임을 알 수 있다.

세상에 공짜가 없듯이 사랑에도 공짜가 없다. 사랑을 주는 것은 나의 행복일 뿐만 아니라 아낌없이 주다 보면 반드시 나도 사랑을 받게 된다. 어쩌면 주는 만큼 받게 되는지도 모른다.

그럼에도 주위를 살펴보면 남에게 사랑을 주기는커녕 미워하거나 괴롭히는 사람을 수없이 보게 된다. 돌아오는 것은 외로움, 멸시, 분노, 후회뿐인데도 말이다. 사랑을 외면함으로써 일상의 고통에 직면하는 것, 우리가 자주 경험하는 어리석음이다.

제대로 된 사랑은 더더욱 어렵다. 내가 좋아하는 정호승의 시 '미안하다'를 감상해보자.

"길이 끝나는 곳에 산이 있었다 / 산이 끝나는 곳에 길이 있었다 / 다시 길이 끝나는 곳에 산이 있었다 / 산이 끝나는 곳에 네가 있었다 / 무릎과 무릎 사이에 얼굴을 묻고 울고 있었다 / 미안하다 / 너를 사랑해서 미안하다."

사랑의 여정이 결코 순탄치 않음을 표현한 시다. 사랑을 주는 사람이 산 넘고 강 건너 아무리 서둘러 가더라도 그를 애타게 기다리는 사람에겐 고통이 아닐 수 없다. 남녀 간이든, 부모형제 간이든, 친구 간이든 사랑하기를 서둘러야 하는 이유다. 레프 톨스토이의 말이 폐부를 찌른다. "미래에 있어 사랑은 없다. 사랑은 오직 현재에 필요한 것이다. 현재 사랑을 하지 못하는 사람은 사랑이 없는 사람이다."

사랑하는 데 열정은 기본 아닐까 싶다. 상대방을 무한 존중하는 마음도 중요하겠다. 미국 작가 윌리엄 와턴의 말이다. "사랑이란 열정과 감탄과 존경이다. 둘만 있어도 충분하지만 셋 다 있으면 살아 있을 때도 천국에 있는 것이다."

33
부부는 이심이체 二心異體

• 일심동체는 환상일 뿐. 배우자 속박하지 말고 자유를 줘라 •

결혼에 관한 명언

결혼은 새장과 같다.
밖에 있는 새는 들어가려고 애쓰며,
안에 있는 새는 나가려고 발버둥친다.
_미셸 드 몽테뉴

훌륭한 결혼만큼 즐겁고 황홀하고
매력적인 인간관계, 즉 무언에 의한
마음의 교류는 없다.
_마르틴 루터

결혼은 개인을 고독으로부터 구하며
그들에게 가정과 자녀들을 줘서
공간 속에 안정시킨다.
생존의 결정적인 목적 수행이다.
_시몬 드 보봐르

결혼에 대한 옛 현인들의 평가는 대략 낙제점이다. 결혼은 인류 역사에서 가장 오래된 제도라는데, 권장하기는커녕 하지 말라는 조언이 대세다. 긍정적인 말보다 부정적인 발언을 훨씬 더 많이 남겼다.

평생 사랑과 행복을 탐구한 철학자 가운데 결혼하지 않고 혼자 살다간 사람이 많다는 사실이 이와 무관치 않아 보인다. 윌리엄 셰익스피어, 표도르 도스토옙스키, 로버트 프로스트, 조지 바이런, 샤를 보들레르, 하인리히 하이네, 오스카 와일드 등 세계적 대문호들은 이구동성으로 결혼을 탐탁지 않게 여겼다.

왜 그럴까. 동서고금을 막론하고 결혼은 남녀 두 사람에게 일정한 구속을 부여하기 때문이라 생각된다. 인간은 본능적으로 자유를 원한다. 하지만 결혼은 연애와 달리 배타적 사랑을 보장하는 대신 사회적으로 새로운 관계 설정을 요구한다. 익숙하지 않은 새 가족관계가 형성된다. 이를 즐기는 사람도 간혹 있겠지만 대부분 불편함을 느낀다.

이런 과정에서 부부는 예전에 없던 여러 가지 의무를 수행해야 한다. 의무 수행 중에 트러블이 생기면 서서히 사랑은 식고, 연애와 결혼이 종말을 고하기도 한다. 결혼이 연애의 무덤이란 말이 나오는 이유다. 레프 톨스토이도 그래서 이런 말을 했을 것이다. "한 사람의 상대를 평생 사랑할 수 있다고 단언하는 것은 한 자루의 양초가 평생 탈 수 있다고 단언하는 것과 마찬가지다."

하지만 청년들이여, 비관적으로만 생각하지 말자. 결혼생활을 성공적으로 영위하는 사람은 많고도 많다. 당장 주위를 둘러보면 결혼하지 않는 사람보다 하는 사람이 훨씬 많고, 결혼 후 행복하게 사는 사람이 불행한 사람보다 훨씬 많다. 결혼은 사랑의 수준을 한층 더 높여 완성토록 하는 제도임에 틀림없다.

하지만 결혼생활을 성공적으로 꾸려나가기 위해서는 각별히 노력하지 않으면 안 된다. 한 번도 경험해 보지 못한 치열한 삶의 현장이기 때문이다. 하인리히 하이네의 말이 그것이다. "결혼은 어떤 나침반도 일찍이 항로를 발견한 적이 없는 거친 바다이다."

나는 성공적인 결혼생활의 제1 계명으로 부부 이심이체二心異體임을 깨달아야 한다는 점을 꼽는다. 부부는 약 30년간 전혀 다른 환경에서 살다 우연히 만나서 결혼하기 때문에 흔히 말하는 일심동체一心同體일 수가 없다. 존 그레이가 쓴 〈화성에서 온 남자, 금성에서 온 여자〉가 이런 사실을 잘 설명해 준다.

부부가 일심동체가 아닌 이심이체임을 하루 빨리 인정하는 것이 중요하다. 결혼 초기 숱하게 발생하는 의견 대립이나 갈등을 당연하게 여기면서 서로 다름을 인정하면 크게 문제될 것이 없다. 서로 다른 점을 완전히 극복하는 것은 아예 불가능하다고 생각하는 것이 좋다. 다름을 인정하고 이해하면 그만이다. 톨스토이도 비슷한 생각을 했던 것 같다. "행복한 결혼생활에서 중요한 것은 서로 얼마나 잘 맞는가보다 다른 점을 어떻게 극복해 나가느냐이다."

 하나 덧붙이자면 상대방을 놓아줌으로써 자유를 보장하는 노력을 하는 게 중요하지 싶다. 결혼제도가 부여한 불편함을 근원적으로 해결하는 방법일 수 있기 때문이다. 진정한 사랑과 행복은 자유를 먹고 자란다. 이에 관한 칼릴 지브란의 가르침은 명쾌해서 좋다. "(결혼하면) 서로 사랑하되 속박이 되지 않게 하라. 사랑이 두 사람 영혼의 해변 사이에서 출렁이는 바다가 되게 하라."

34

행복한 가정이 바로 천국이다

● 가족 구성원 모두 자기 권력 내려놓고, 참고 배려해야 ●

가정에 관한 명언

> 가정을 선택하는 사람은 없다.
> 가정은 신이 주는 선물이다.
> _데즈먼드 투투
>
> 가정이야말로 고달픈 인생의 안식처요,
> 모든 싸움이 자취를 감추고 사랑이 싹트는 곳이요,
> 큰 사람이 작아지고 작은 사람이 커지는 곳이다.
> _허버트 조지 웰스
>
> 행복한 가정은 모두 비슷한 이유로 행복하다.
> 그러나 모든 불행한 가정은
> 저마다의 이유로 불행하다.
> _레프 톨스토이

가족, 혹은 가정을 생각하면 어떤 느낌이 드는가. 포근함, 편안함, 환영, 위로, 웃음이 떠오르는 사람이 있는가 하면 잔소리, 싸움, 외면, 냉랭함, 침묵 따위가 생각나는 사람도 있을 것이다.

두말할 필요도 없이 전자는 행복한 가정이고, 후자는 불행한 가정이다. 영국 작가 웰스는 가정을 인생의 안식처이자 사랑이 싹트는 곳으로 묘사했지만 이는 행복한 가정만을 가리키는 표현이다.

나는 우리 가족 단체 카톡방을 만들 때 '비둘기집'을 간판으로 정해 지금도 유지하고 있다. 대중 가요 비둘기집의 노랫말이 좋아서다. '비둘기처럼 다정한 사람들이라면, 장미꽃 넝쿨 우거진 그런 집을 지어요, 메아리 소리 해맑은 오솔길을 따라, 산새들 노래 즐거운 옹달샘 터에, 비둘기처럼 다정한 사람들이라면, 포근한 사랑 엮어갈 그런 집을 지어요.'

이 노랫말처럼 가족 구성원의 생활 공동체인 가정은 예외 없이 사랑을 먹고 자란다. 부부간이든, 부모자녀 간이든, 자녀 간이든 서로 아끼고 배려하는 사랑이 없으면 절대 화목할 수가 없다. 가족의 영어 표현 FAMILY가 'Father And Mather I Love You'의 약자란 우스갯소리도 있지 않는가.

성경에 이런 표현이 나온다. "편안하게 먹는 마른 빵 한 조각이 불화 섞인 잔치 음식으로 가득한 집보다 낫다." 부유하든 가난하든 저녁 무렵이면 서둘러 돌아가고 싶은 따뜻하고 화목한 집을 가꾸어야 하지 않겠는가. 아침에 헤어진 가족들이 다시 만나 웃음꽃을 피우면 금방 피로가 가시는 그런 가정 말이다. "이 세상에는 여러 가지 기쁨이 있지만 그 가운데 가장 빛나는 기쁨은 가정의 웃음이다." 교육자 요한 페스탈로치의 말이다.

R. 브라우닝은 "행복한 가정은 미리 누리는 천국"이라고 했다. 셰익스피어는 "가정을 지키는 젊은이는 언제나 지혜를 갖는다"라고 했다. 가화만사성家和萬事成, 가정이 화목하면 모든 일이 이루어진다고 했으니 행복한 가정을 꾸미기 위해 모두가 노력해야겠다.

화목한 가정, 행복한 가정을 꾸미기 위한 제1 조건으로 나는 어른, 아이 할 것 없이 자신이 가졌다고 생각하는 권력을 내려놓는 일이라고 생각한다. 이 세상 가장 작은 조직 사회인 가정에서 권력이라야 별것 있겠는가. 전통적인 남편의 권위, 아내의 가사 주도권, 끝없이 보호받고 싶어하는 자녀의 욕심을 내려놓아야 가정에 평화가 온다.

"모든 불행한 가정은 저마다의 이유로 불행하다." 톨스토이의 소설 〈안나 카레니나〉 첫머리에 나오는 문장이다. 그런데 '저마다의 이유' 근저에는 가족 구성원들의 한 줌도 안 되는 권력 다툼이 깔려 있다. 사랑으로 만나 결혼한 부부, 사랑의 결실로 태어난 자녀들이 티격태격하는 모습, 가소롭지 않은가. 각자 한 발짝씩만 물러서면 만사형통일 텐데 말이다.

그러나 현실은 녹록하지 않다. 미셸 드 몽테뉴는 "가정을 다스리는 것은 온 왕국을 다스리는 것보다 근심이 덜하지 않다"고 했다. 우리는 그 정도인 줄은 모르고 산다. 그래서 삐걱거리는 건가.

　권력 내려놓기에 더해 각자 인내심을 가져보자. 가족 간이라고 할 말 다 하고 살 순 없지 않겠는가. 당나라에 장공예張公藝란 사람이 있었다. 그의 집엔 아홉 세대가 어울려 살지만 단 한 번도 싸우지 않고 화목하게 지낸다는 소문이 났다. 황제가 그를 불러 비법을 물었다. 장공예는 돌아앉아 큰 종이에 한참 글을 썼는데, 참을 인忍자만 100개 쓰여있었다고 한다. _홍사중의 '삶의 품격'

35

자녀, 방목하는 것이 좋다
• 문제아의 원인 제공자는 모두 부모. 부디 자녀에게 자유를 줘라 •

자녀에 관한 명언

> 세상에서 부모가 되는 일보다
> 더 중요한 것은 없다.
> _오프라 윈프리

> 여러분의 자녀는 여러분의 것이 아니다.
> 여러분은 그들에게 사랑을 줄 수는 있지만
> 생각을 강요할 수는 없다.
> _칼릴 지브란

> 자식을 불행하게 하는 가장 확실한 방법은
> 언제나 무엇이든지
> 손에 넣을 수 있게 해 주는 일이다.
> _장 자크 루소

"(나는 교직 생활) 41년 동안 자식을 사랑하지 않는 부모를 본 적이 없다. 그런데 학교생활 속에서 고민하고 당황해하며 방황하는 아이들의 원인이 부모가 아닌 경우 또한 본 적이 없다. '문제아'라 불리는 아이들의 원인 제공자가 부모 아닌 경우를 본

적이 없다. 그래서 나는 감히 말할 수 있다. 적어도 학교에는 문제아가 없다. 문제 부모가 있을 뿐이다."

경남 거창고 교장과 (정부)교육혁신위원장을 지낸 전성은의 저서 〈왜 부모는 자녀를 불행하게 만드는가〉의 서문에 나오는 말이다. 나는 언젠가 이 구절을 읽고 원로 교육자의 피맺힌 절규를 듣는 느낌이었다. '이 세상 부모들이여 당신 자녀들을 제발 좀 자유롭게 놓아주시오'라는 호소를 접하는 듯했다.

책 제목에서도 알 수 있듯이 전성은은 자녀를 불행하게 하는 사람은 대부분 부모라고 단정한다. 부모가 자녀를 행복하게 만들기는커녕 불행하게 하다니, 잘 믿기지 않는다. 하지만 그의 이런 주장은 교육 현장의 구체적인 사례를 근거로 한 것이어서 설득력이 높아 보인다.

우리 주변에는 마음으로, 경제적으로 자녀를 한없이 사랑하고 지원하는 만큼 그 자녀의 일상 생활이나 진로를 결정할 때 일정 부분 강요할 수 있다고 생각하는 부모가 적지 않다. 그것이 잘못이라는 것이다. 이런 얘기가 나오는 이유는 부모들이 아직도 자녀를 마치 자기 소유물인 것처럼 여기고, 다루기 때문이다.

착각이 아닐 수 없다. 부모는 부모, 자녀는 자녀일 따름이다. 흔히 자녀를 자기 분신인 것처럼 생각하지만 자기 마음대로 잘 되지 않는 걸 보면 결코 분신이 아니다. 별도의 독립된 인격체임에 분명하다. 이는 모든 교육학자들이 동의하는 주제다.

  자녀가 자기 소유물이란 생각은 자녀에 대한 속박으로 나타나기 때문에 나쁜 것이다. 이는 자녀가 인생의 주체적인 삶을 준비하는 데 부모가 걸림돌로 작용하는 시작점이다.

  '100세 철학자' 김형석 교수는 자녀에게 자유를 주라고 간곡히 부탁한다. "자녀에게 선택의 자유를 주어야 자신의 삶을 헤쳐나갈 정신적 근육을 키울 수 있다." 그는 자녀의 사춘기가 지나면 부모는 함께 걷던 손을 놓고 뒤따라 가는 것이 좋다고 조언한다. 더 큰 자유를 주라는 뜻 아닐까.

  자녀에게 자유를 주는 게 중요한 이유는 그래야 부모의 욕심을 제어할 수 있기 때문이다. 부모 중에는 자신이 못다 이룬 꿈을 자녀를 통해 실현하려는 사람이 있다. 자녀의 세속적 성공을 통해 자신의 행복을 꾸미려는 사람 또한 적지 않다. 자녀의 의지나 인생 목표와 무관하게 이를 부추기는 것은 부모의 이기적 욕심 이외에 아무것도 아니다.

  그렇다. 어떤 교육학자는 "자녀는 방목하는 것이 가장 좋다"고 말하고, 어떤 교육자는 "자녀의 인생을 절대 부모가 디자인하지 말라"고 조언한다. 둘 다 부모가 아닌 자녀 본인의 행복을 위해서는 그렇게 하는 것이 효율적이라는 가르침 아닐까 싶다.

  부모가 건설적인 조언을 넘어 지나치게 간섭하다 보면 자녀는 서서히 불행의 늪으로 빠져들게 된다. 자녀 행복을 위해 부모가 욕심을 내려놓는 것이 그렇게도 어려운 일일까.

"움켜쥔 것을 놓아라. 떨어지는 씨앗들만이 자라리라."(엘리스 호웰) "내 재산이다, 내 자식이다" 하면서 어리석은 사람은 괴로워한다. 제 몸도 자기 것이 아닌데 어찌 재산과 자식이 자기 것이란 말인가.(법구경)

36
부모는 마냥 기다려 주지 않는다
• 효는 백행의 근본. 말보다 행동으로 전수해야 효과 커 •

효도에 관한 명언

> 5개 형벌의 죄목이 3000개에 이르되
> 불효보다 더 큰 죄는 없다.
> _공자
>
> 자기 부모를 섬길 줄 모르는 사람과는
> 벗하지 말라. 왜냐하면 그는
> 인간의 첫걸음을 벗어났기 때문이다.
> _소크라테스
>
> 물레를 돌리게 해도 효도일 수 있고,
> 잔칫상을 차려드려도 불효일 수 있다.
> _유대 격언

아바님 날 낳으시고 어마님 날 기르시니

두 분 곳 아니시면 이 몸이 살아시랴

하날 같은 은덕을 어디다혀 갚사올고

어버이 살아신 제 섬길 일란 다하여라
지나간 후면 애닳아 엇지하리
평생에 고쳐 못할 일이 이뿐인가 하노라

고교 시절 익혔던 송강 정철의 훈민가 일부다. 효의 의미와 중요성을 이토록 가슴에 와 닿게 읊은 글이 또 있을까. 이런 명문이 있었기에 수백 년 뒤 양주동 박사의 주옥같은 노랫말 '어버이 은혜'가 탄생할 수 있었을 것이다.

핵가족화와 개인주의가 횡행하면서 효의 의미나 방식이 많이 바뀌었지만 그 바탕은 변함이 없다. 여전히 백행百行의 근본이라 해서 틀린 말이 아니다. 율곡 이이의 말처럼 가장 소중히 여기는 내 몸을 부모가 주었으니 그 인연은 끊으려야 끊을 수 없는 일 아닌가. 2500년 전에 살다간 동서양 대표 현인 공자와 소크라테스가 이구동성으로 불효의 죄악을 엄하게 지적한 것은 우연이 아니다.

하지만 예나 지금이나 효도는 그리 쉬운 일이 아니다. 자식 사랑하는 것만큼 부모 섬기기를 하지 못하는 게 인간이다. '내리사랑은 쉽지만 치사랑은 어렵다'는 우리 속담이 딱 맞는 말이다.

효는 말보다 행동으로 가르치는 게 효과적이다. 자녀도 효를 부모의 말이 아니라 행동으로 배운다. 본보기가 되어야 한다는 이야기다. 아이들은 자기 부모가 조부모한테 어떻게 하는지를 보고 그대로 따라서 행한다. '부모가 온 효자가 되어야 자식이 반 효자라도 된다'는 속담이 빈말이 아니다.

소크라테스도 이 점을 정확히 간파한 듯하다 "네 자식이 해 주길 바라는 것과 똑같이 네 부모에게 효도를 행하라."

요즘 젊은이들, 흔히 "난 자식한테 효도 받을 생각 없어"라고 말한다. 함부로 해선 안 될 말이다. 효는 굳이 내가 받으려고 가르치는 것이 아니라 백행의 근본이기 때문에 반드시 가르쳐야 하는 덕목이다. "부모를 사랑하는 사람은 남을 미워하지 않으며, 부모를 공경하는 사람은 남을 얕보지 않는다." 효를 몸소 실천하는 사람이라야 세상과 더불어 행복하게 살 수 있다는 불교 가르침이다.

원래 효는 물질과 마음 두 가지로 하는 것이다. 하지만 물질이 풍부해진 요즘에는 마음이 훨씬 더 중요한 것 같다. 유대 격언이 가르치듯 물질이 부족했던 옛날 옛적에도 물질보다 마음을 중시했으니 더 말해서 무엇하랴.

논어에도 비슷한 말이 나온다. "요즈음은 부모에게 물질로써 봉양함을 효도라 한다. 그러나 개나 말도 집에 두고 먹이지 않는가. 공경하는 마음이 여기에 따르지 않으면 짐승과 무엇이 다르겠는가." 부모 마음 편하게, 즐겁게 해드리는 것이 최고의 효도이지 싶다.

더 중요한 것은 효도할 수 있는 때가 누구에게나 한시적이라는 점이다. 자식을 길러본 후에야 부모의 마음을 안다지만 그땐 이미 늦다. 세월은 마냥 우리를 기다려 주지 않는다. 시경詩經 해설서인 한시외전에 나오는 풍수지탄風樹之嘆이다.

나무는 고요히 머물고자 하나 바람이 그치지 않고
자식은 봉양하고자 하나 부모님은 기다려 주시지 않네
한번 흘러가면 쫓아갈 수 없는 것이 세월이요
돌아가시면 다시 뵐 수 없는 분이 부모님이시네

37

친구는 식탁이요, 화로다

● 내가 선택한 가족. 신의와 예의 갖춰야 우정 깊어져 ●

우정에 관한 명언

> 벗이 없으면 이 세계는 황야에 지나지 않는다.
> _프랜시스 베이컨
>
> 친구는 여러분이 사랑으로 씨 뿌리고
> 감사함으로 거두어들이는 밭이다.
> 그는 또 여러분의 식탁이요 화로다.
> 여러분이 배고플 때와 포근함이 필요할 때
> 찾아가기 때문이다.
> _칼릴 지브란
>
> 사람들은 누구나
> 친구의 품 안에서 휴식을 구하고 있다.
> 그곳에서라면 가슴을 열고 마음껏
> 슬픔을 털어놓을 수 있기 때문이다.
> _요한 볼프강 폰 괴테

"친구는 내가 선택한 가족이다."

19세기 미국 자연주의 철학자 헨리 소로우가 친구와 우정의 중요성을 강조하며 한 말이다. 친구가 부모 형제처럼 혈연적, 선천적 요소로 맺어진 것은 아니지만 가족 못지않게 귀한 존재임을 이처럼 멋지게 표현했다.

그렇다. 우리는 인생을 살면서 그 수가 많든 적든, 우정의 깊이가 깊든 얕든 여러 친구를 사귀게 된다. 특히 각급 학교와 직장을 통해 만남이 이뤄지기 때문에 친구 없이 사는 것 자체가 불가능하다.

가족을 중시하거나, 가족관계가 원만한 사람에게는 친구의 비중이 다소 작겠지만 대다수는 친구를 통한 우정을 가족애 못지않게 중시한다. 하지만 성격이나 근면성 차이로 인해 친구를 많이, 잘 사귀는 사람이 있는가 하면 그렇지 못한 사람도 있다. 후자의 경우 외로움을 호소하기 십상이다.

친구가 많아서 걱정할 일은 별로 없다. 그중에는 좋은 친구도 더러 있을 것이기 때문이다. 적다고 걱정할 일도 아니다. 진정한 친구 한 두 명만 있어도 최상의 만족감을 느낄 수도 있기 때문이다. "많은 벗을 가진 사람은 한 사람의 진실한 벗을 가질 수 없다" 아리스토텔레스의 말이다.

실제로 친구는 그 숫자보다 우정의 질이 더 중요하다. 참된 친구가 아닌 친구는 사실 별 의미가 없다. 오다가다 만나는 낯선 사람과 별반 다를 바 없지 않는가. 좋은 친구, 참된 친구란 영혼이 서로 교감할 수 있는 사이라야 한다. 성격이나 취미, 생활태도의 동질성은 기본이고 영혼의 울림이 있어야 깊은 우정을 나눌 수 있다. 현실적으로 그런 친구가 많기는 어렵다.

사람들은 흔히 죽마고우竹馬故友라고, 친구는 만난 지 오래될수록 좋다고 말한다. 대학이나 직장에서 사귄 친구보다 어릴 적 고향 친구가 좋다고 한다. 이를 뒷받침하는 현인들의 명언도 많다. "우정은 천천히 익는 과일이다."(아리스토텔레스) "진실된 우정이란 느리게 자라나는 나무와 같다."(조지 워싱턴) "정말 좋은 친구는 일생을 두고 사귀는 친구이다"(피천득)

하지만 꼭 그런 것도 아닐 성싶다. 지식이나 사회적 관심사를 놓고 교감하는 데는 나이 들어 만난 친구가 더 나을 수 있다. 그러나 지금 좋은 친구가 없다고 걱정할 필요는 없다. 당장 사귀면 된다.

〈사기〉를 쓴 사마천이 용기를 준다. "머리가 하얗게 될 때까지 만났는데도 여전히 낯선 사람이 있고, 비가 와서 잠깐 처마 밑에서 비를 피하면서 우산을 함께 썼을 뿐인데도 오래 사귄 친구처럼 느껴지는 사람이 있다."

좋은 친구를 사귀기 위해서는 애써 노력해야 한다. 가만히 있는데 좋은 친구가 다가오는 경우는 드물다. 친구 관계에서 가장 중요한 요소는 역시 신뢰 아닐까 싶다. 삼강오륜에서 붕우유신朋友有信이라 했듯이, 친구 사이에 믿음이 조성되지 않으면 지속되기 어렵다.

예의도 중요하다. 모든 사람과의 관계가 그렇지만 친하다고 해서 함부로 대해서는 안 된다. 상대방의 인격을 존중하고 예의를 갖출 때 진정한 우정이 생긴다. 나를 낮추고 상대방을 높이는 겸손함이 필요한 지점이다.

당연한 말이지만 친구란 서로 통해야 친해진다. 내가 좋은 친구가 될 수 있는 자격을 갖춰야 하는 이유다. "좋은 친구를 만나려면 먼저 나 자신이 좋은 친구감이 되어야 한다. 왜냐하면 친구란 내 부름에 대한 응답이기 때문이다." 법정 스님의 가르침이다.

38
자선, 더 이상 미룰 수 없는 사랑

• 소리 없는 기부는 최고의 미덕. 지금 옆에 있는 사람에게 베풀어라 •

자선에 관한 명언

> 가장 중요한 때는 바로 지금이고,
> 가장 필요한 사람은 지금 내가 만나는 사람이고,
> 가장 중요한 일은 바로 내 옆에 있는
> 사람에게 선을 행하는 것이다.
> _레프 톨스토이

> 남을 도울 때 가장 덕을 보는 것은 자기 자신이고,
> 최고의 행복을 얻는 것도 자기 자신이다.
> _달라이 라마

> 당신이 영원히 간직할 수 있는 부는
> 당신이 누군가에게 선물한 부다.
> _마르쿠스 아우렐리우스

"돈은 매력적이지만 그 누구도 한꺼번에 두 켤레의 신발을 신을 수는 없다."

미국의 세계적 면세점체인 사업가 척 피니가 한 말이다. 그는

선한 기부왕이다. 미국에는 가진 자의 기부 문화가 보편화되어 있고, 카네기와 록펠러의 기부가 특히 유명하지만 나는 피니의 기부를 더 좋아한다.

그는 DFC 면세점을 창업해 크게 성공했다. 하지만 평소 생활은 지나치게 검소해 구두쇠 부자로 통했다. 그러던 중 1997년 면세점 매각 과정에서 분쟁에 휘말려 회계장부가 언론에 공개되면서 미국 사회가 발칵 뒤집혔다. '뉴욕 컨설팅 회사'라는 이름으로 15년 동안 2900회에 걸쳐 무려 4조 4,000억 원이 지출된 사실이 확인돼 재산을 빼돌린 것으로 추측됐다.

하지만 지출액은 전액 '기부'로 확인되었다. 1982년 자선재단을 설립해 자기 자산의 99%를 기부한 것이다. 그의 평생 기부액은 9조 5,000억 원이 넘는다. 피니는 지금도 검약을 실천하고 있다. 임대주택에 살고 있으며, 비행기는 이코노미석을 이용한다. 그의 삶에 절로 고개가 숙여지지 않는가.

경제적으로 남을 돕는 행위, 즉 자선과 기부는 고귀한 일이다. 남에게 베푸는 것은 사랑이다. 하지만 건네는 액수가 크든 작든 내 것을 남에게 넘겨준다는 것은 쉬운 일이 아니다. 선뜻 실천하지 못하는 사람이 많은 이유다.

그러나 자선이 자기한테 더 큰 행복을 가져온다는 사실을 깨닫게 되면 생각과 행동이 달라질 수 있다. 남을 도울 때 자기 자신이 가장 덕을 보고 최고의 행복을 얻는다는 달라이 라마의 가르침이 맞는다고 생각되면 자선을 안 할 이유가 없지 않은가. 자선이 최고의 미덕이라는 셰익스피어의 말도 같은 맥락이다.

중국에 이런 속담이 있다. "1시간의 행복을 원한다면 낮잠을 자라, 하루의 행복을 원한다면 낚시를 하라, 1년의 행복을 원한다면 재산을 물려받아라, 평생의 행복을 원한다면 다른 사람을 도와라." 당연히 평생의 행복이 가장 크기에 자선을 실천해야겠다.

내가 척 피니의 자선, 기부가 좋은 이유는 엄청난 액수의 기부를 남 보이지 않게 실천했기 때문이다. 무언가 내놓는 사람 대부분은 이기적인 마음을 품고 있다. 자기 행동이 알려져 칭찬받고 싶은 욕망이 그것이다. 보편적 인간 심리이긴 하다. 하지만 피니는 최소 15년 동안 천문학적인 액수의 돈을 소리 없이 기부했다.

남을 위해 내 것을 내놓는 자체가 고귀한 일이지만 아무런 대가도 바라지 않고 소리 없이 돕는 것은 더 고귀한 일이다. 성경에는 "오른손이 하는 일을 왼손이 모르게 하라"고 기록돼 있으며, 불교에서도 '무주상보시無住相布施'라 해서 대가를 바라지 않고 온전한 자비심으로 베풀라고 가르친다.

칼릴 지브란은 이런 자비심을 아주 멋지게 묘사했다. "주면서 괴로움도 모르고 즐거움도 바라지 않고 구태여 덕을 쌓는다는 등의 생각도 없는 이들이 있다. 이들의 줌은 저 너머 계곡에서 있는 향나무가 그 향기를 대기에 내뿜는 것과 같다."

자선은 미룰 일이 아니다. 굳이 톨스토이의 조언이 아니더라도 지금 당장, 바로 내 옆에 있는 사람에게 선행을 베푸는 것이 중요하다. 거창한 자선을 생각하며 나이 들 때까지 미루다 기회를 놓치기 십상이다. 내 옆에는 한 끼의 밥이 필요한 친구가 있을 수 있고, 따뜻한 악수를 갈망하는 직장 동료가 있을 수 있다. 자선은 나이와 상관없다.

39

용서는 자기한테 베푸는 가장 큰 선물

• 가해자에게 자기 잘못 인정하고 반성하는 기회를 주는 것 •

용서에 관한 명언

> 복수할 때 인간은 적과 같은 수준이 된다.
> 그러나 용서할 때 그는 원수보다 우월해진다.
> _프랜시스 베이컨
>
> 용서는 자기 자신에게 베푸는
> 가장 큰 선물이다.
> _달라이 라마
>
> 그대에게 잘못을 저지른 사람이 있거든
> 그가 누구이든 그것을 잊어버리고 용서하라.
> 그때 그대는 용서한다는 행복을 알게 될 것이다.
> _레프 톨스토이

경주의 한 미술관에서 어린아이가 전시된 작품을 훼손하는 사고가 발생했다. 아이는 길이 20m가량 되는 그림 위에 미끄럼틀 타듯 올라가 벌렁 드러눕는가 하면 신발을 신은 채 마구 밟기도 했다.

아이 아빠는 제지하거나 꾸중하기는커녕 태연하게 이 모습을 카메라에 담았다. 그림은 한국화 거장 박대성 화백이 그렸으며, 1억 원에 상당하는 초고가 작품. 대형 사고였으니 전시 주최 측은 즉시 박 화백에게 이 사실을 알렸다.

그의 반응은 전혀 뜻밖이었다. "어린아이가 그랬다니 하는 수 없지요, 시끄럽게 문제 삼고 그러지 마세요." 아이 아빠의 행태에 대해서도 마찬가지. "우리들 (문화적) 소양이 그러니 하는 수 없지요. 그분에게도 무슨 사정이 있을 겁니다."

나는 이 뉴스를 접하고 박 화백의 고매한 인품과 함께 용서하는 마음의 위대함을 느꼈다. 보통 사람들이 이런 상황을 맞는다면 벌컥 화를 내면서 손해배상을 운운할 가능성이 크다. 박 화백은 세상을 진실로 사랑하는 마음이 없다면 결코 실천할 수 없는 '즉각적인 용서'를 몸소 보여준 셈이다.

용서는 실천하기 어려운 덕목이다. 말은 쉽다. 다들 "용서하는 사람이 승자다. 용서함으로써 자신이 행복해진다"고 말한다. 하지만 자기한테 큰 잘못을 저지른 사람에게 먼저 손을 내미는 건 보통 사람에겐 거의 불가능한 일이다. 더구나 용서받는 사람이 진심으로 반성하고 사과할지 불투명한 상황이라면 주저하지 않을 수 없다.

기독교 신자들은 '일곱 번이 아니라 일흔일곱 번이라도 용서해야 한다'는 성경 구절을 이해하기 어렵다는 말을 많이 한다.

끝도 없이 무조건 용서하라는 게 말이 되느냐, 그럴 경우 사회 정의가 확립될 수 있겠느냐고 반문하는 사람이 많다.

하지만 동서고금 현인들의 말을 종합해 보면 자기 자신의 행복을 위해서는 남을 용서하는 것이 아무래도 낫겠다는 생각이 든다. "용서하는 것은 용서받는 것보다 낫다. 우리는 끊임없이 용서해야 한다. 그럼으로써 우리 자신도 누군가로부터 또는 신으로부터 용서받을 수 있는 것이다."(버트런드 러셀)

이런 말도 했다. "용서하고 용서받는 것으로부터 느끼는 이루 말할 수 없는 기쁨은 신의 질투를 살 정도의 황홀경을 가져다 준다.(알버트 하버드) "용서하지 않는 사람은 자기가 지나야 할 다리를 부수는 사람이다."(조지 허버트)

용서는 상대방인 가해자의 잘못을 눈감아주는 것이 아니라 가해자에게 자기 잘못을 인정하고 반성하는 기회를 주는 것이란 점에서 충분히 권장할 만하다. 나는 새뮤얼 존슨의 이 말을 참 좋아한다. "하느님도 심판의 날이 오기 전까지는 인간을 심판하지 않겠다고 했다." 비록 잘못을 저질렀지만 여태 알고 지낸 사람에게 반성하고 회개할 수 있는 기회를 주는 건 누구에게나 필요하지 않을까 싶다.

그러나 현실에서 무조건 용서한다는 건 사실상 불가능하지 않을까 싶다. 사안에 따라 선택의 기로에 설 수 있다고 본다. 어떤 희생을 치르더라도 용서할 마음이 없다면 손절매하는 수밖에 없다.

　문제는 부모자녀, 형제자매 사이 등 가족 간의 불화다. 천륜은 끊을 수 없는 것이기에 가급적 빨리 용서하고 봐야 한다. 아무리 미워도, 아무리 용서하기 싫어도 용서하고 사는 게 피차 편할 것이다. 용서한다고 해서 가해자에 의한 고통이 완전히 사라지진 않을 것이다. 하지만 용서가 이뤄지지 않을 경우의 미래 고통을 다소 완화시켜주는 효과는 분명히 있을 것이다.

40
좋은 칭찬과 싸구려 칭찬
• 인정과 칭찬 좋아하는 건 인간의 본성. 그러나 남발은 역효과 •

칭찬에 관한 명언

> 좋은 칭찬을 한 번 듣는 것만으로도
> 나는 두 달을 살 수 있다.
> _마크 트웨인
>
> 남의 좋은 점을 발견할 줄 알아야 한다.
> 그리고 남을 칭찬할 줄도 알아야 한다.
> 그것은 남을 자기와 동등한 인격으로
> 생각한다는 의미를 갖는 것이다.
> _요한 볼프강 폰 괴테
>
> 인간적 행복을 원하는 사람은
> 칭찬을 더 많이 하고 시기심을 줄여야 한다.
> _버트런드 러셀

찰스 슈와브는 철강왕 앤드류 카네기의 신임을 받아 US스틸 회장에까지 오른 인물이다. 최고로 성공한 전문 경영인으로, 연봉이 백만 달러에 달했다. 그가 출세한 이유는 천재여서도 아니고, 철강 전문가여서도 아니다. 사람을 다루는 능력이 탁월했기 때문이다. 그가 사람을 남달리 잘 다룬 비결은 오직 하나, 칭찬이었다. 슈와브 본인 말이다.

"부하 직원들에게 열의를 불러일으키는 능력이 제가 가진 최고의 자산이라고 생각합니다. 사람이 가지고 있는 최고의 능력을 이끌어내는 방법은 인정과 격려입니다. 상관의 비판만큼 야망을 죽이는 건 없습니다. 저는 그 누구도 비판하지 않습니다. 저는 일하고 싶은 동기를 부여해야 한다고 믿습니다. 그래서 저는 칭찬하고 싶어하고, 흠잡으려 들지 않습니다. 제가 정말 좋아하는 것이 있다면 진심으로 칭찬하며 그 칭찬을 아끼지 않는 것입니다." _임상훈 옮김, 데일 카네기의 '인간관계론'

고개가 절로 끄덕여지지 않는가. 비판보다 칭찬을 좋아하는 건 인간 본성에 가깝다. 칭찬은 고래도 춤추게 한다는데, 하물며 세상 평판을 먹고 사는 인간이 칭찬을 마다할 리 있겠는가.

그렇다. 사람은 누구나 다른 사람으로부터 인정받고 싶어한다. 나이, 사회적 지위와 상관없이 칭찬받으면 다들 좋아한다. 어쩌면 평생 칭찬을 갈망하며 살고 있는지도 모른다. "사람들은 겉으론 비평을 바란다지만 내심 칭찬을 기대한다"는 영국 작가 서머셋 모옴의 묘사는 우리네 속마음을 정확히 들여다본 결과라 생각된다.

칭찬은 무엇보다 성장기 나이에 필수 요소다. 꽃과 나무가 제대로 생장하려면 물과 햇볕이 필요하듯 어린아이는 인정과 칭찬을 먹고 자란다. 각자 어린 시절을 기억해보라. 어른들의 칭찬 한 마디가 삶에 얼마나 큰 힘이 되었던가. 약점을 지적하는 단 한 마디가 얼마나 큰 상처가 되었던가.

직장 동료, 연인, 부부, 친구 사이도 마찬가지다. 세상에 완벽한 사람은 없다. 누구나 장점과 단점을 함께 갖고 살아간다. 단점만 보면 단점만 보이고 장점만 보면 장점만 보이는 법이다. 누군가에게 장점을 부각시켜 칭찬해주면 분명 기뻐할 텐데도 우린 그걸 주저한다. 시기심과 나태함에 다름 아니다.

"아름다운 일에 대해 칭찬을 아끼지 않는다면 우리 자신은 그 아름다운 일에 참여하는 것이 된다. 그러나 아름다움에 일부러 눈을 가리고 구석의 조그만 흠만 보는 것은 우리의 마음을 어두운 곳으로 몰아넣는 것이 된다." 프랑스 작가 라 로슈푸코의 지적이다. 반성할 일이다.

일상 생활에서 칭찬을 생활화하면 슈와브처럼 크게 성공하진 못할지라도 원만한 인간관계를 통해 행복을 꾸미는 데 큰 도움이 될 것이다. 칭찬을 즐겨 하는 사람에겐 좋은 사람이 모여들기 마련이다. 결국 칭찬은 남을 기쁘게 할 뿐만 아니라 자기 자신에게도 복을 가져다 주는 셈이다.

그런데 칭찬에는 기술이 필요하다. 영국 속담에 "올바르게 칭찬하는 것이 비난하는 것보다 어렵다"는 말이 있다. 가급적 칭찬을 많이 하는 것이 좋긴 한데 요령 있게 잘 해야 한다는 뜻이다.

무엇보다 중요한 건 진심을 담아야 한다는 점이다. 누가 보더라도 칭찬할 가치가 없는 것을 칭찬하거나 지나치게 자주 칭찬하는 것은 금물이다. 싸구려 칭찬은 오히려 역효과를 낼 수 있다. "칭찬받을 만한 자격이 없는 사람에게 안겨주는 칭찬은 이를 데 없는 조롱이다." 벤저민 프랭클린의 말이다.

41
작은 친절이 누군가의 인생을 바꾼다
• 다정한 눈빛, 따스한 미소, 반가운 인사, 배려하는 행동 •

친절에 관한 명언

단 하나의 친절한 행동은 사방으로 뿌리를 뻗는다.
그리고 그 뿌리는 자라서 새로운 나무가 된다.
_윌리엄 페이버

많은 남성이 웅변을 토하여
설복시키지 못한 일을
한 여성의 친절이 정복했다
_윌리엄 셰익스피어

미소 짓지 않으려면 가게 문을 열지 말라.
_유대 속담

사례 1 서울 여의도의 한 음식점 종업원을 잊을 수가 없다. 50대 여성으로, 언제나 활짝 웃으며 더없이 친절하게 대하는 아름다움이 미스코리아에 결코 뒤지지 않는다.

사장이거나 사장 친척이 아니면 이렇게 친절할 수 없다는 생각에 "사장님? 아니면 매니저님?"이냐고 물어봤다. 대답은 '그냥 종업원'이었다. 내가 만약 식당을 연다면 월급을 두 배 이상 주더라도 이런 종업원을 스카우트할 것이란 생각을 여러 번 했었다. 나는 그분을 친절 전도사라 불렀다.

사례 2 내가 사는 아파트엔 이웃 간 인사가 거의 없다. 5년 전 이사 왔을 땐 같은 층 맞은편 집 부부와 잘 사귀어 친하게 지냈다. 서로 반갑게 인사하고 친절을 베풀었기에 이웃사촌의 맛을 한껏 느낄 수 있었다.

하지만 새로 이사 온 사람들은 영 딴판이다. 처음 인사를 건넸을 때 반응이 끔찍할 정도로 냉랭했다. 무슨 오해가 있나 싶었지만 그건 아니고 천성이 미소, 인사, 친절과는 거리가 있는 듯하다. 포기하고 사는 수밖에 없다. 얼굴 마주치는 게 부담스러우니 불행이 아닐 수 없다.

친절은 세상을 아름답게 한다. 사람들의 기분을 북돋워준다. 얽히고설킨 갈등을 단번에 풀어준다. 인생에서 가장 중요한 것이 세 가지 있는데 첫째도 친절, 둘째도 친절, 셋째도 친절이란다. 미국 작가 헨리 제임스의 말이다.

그렇다. 친절은 우리 삶에서 매우 중요한 덕목이다. 따뜻한 미소, 진심을 다해 반기는 인사말, 상대방을 위해 배려하는 행동은 인생을 살맛나게 한다. 반대로 찬바람 나는 무표정에다 무뚝뚝하고 상투적인 인사말, 매사 이해관계에 좌우되는 행동은 주변 사람들을 우울하게 한다.

친절은 선도적으로 베풀면 곧 자기 자신의 행복으로 돌아온다. 친절을 접하는 상대방도 행복하지만 자신이 더 행복해진다는 뜻이다. 레프 톨스토이는 "사람이 친절하고 사려 깊을수록 다른 사람들에게서 더 많은 친절을 찾아올 수 있다"고 했다.

친절은 거창한 게 아니다. 작은 미소, 조그마한 배려가 대부분이다. 때문에 그것을 실천하는 데 비용이 거의 들지 않는다. 친척, 친구, 이웃, 직장 동료 할 것 없이 조금이라도 사랑하는 마음만 있다면 누구나 금방 실천할 수 있다.

병원에 입원한 친척에게 전화 걸어 나직한 목소리로 위로해 주는 것, 실직한 친구 만나 점심 한 끼 대접하며 힘내라고 격려하는 것, 출퇴근 시간에 마주치는 이웃에게 반갑게 인사하는 것, 회사 적응에 어려움 겪고 있는 후배를 불러 고민을 들어주는 것 모두 친절의 좋은 예다.

"오늘 누군가에게 무심코 건넨 친절한 말, 당신은 내일이면 잊어버릴지도 모른다. 하지만 그 말을 들은 사람은 일생 동안 그것을 소중하게 기억할 것이다." 〈인간관계론〉의 저자 데일 카네기의 말이다. 그다지 크고 중요하지 않지만 진실하고 친절한 말 한마디, 행동 하나가 누군가의 인생을 완전히 바꿔놓을 수 있다는 뜻으로 읽힌다.

중요한 것은 그런 친절을 베푸는 데 주저함이 없어야 한다는 점이다. 우리 주변에는 친절을 갈망하는 사람이 수없이 많다. 그들에게 지금 당장 다정한 눈빛을 보내줘야 한다. 따뜻한 격려 한 마디 해줘야 한다. "친절은 아무리 빨리 베풀어도 지나침이 없다. 친절을 베풀기에 너무 늦은 때가 얼마나 빨리 올지 아무도 알 수 없기 때문이다." 미국 시인 랠프 왈도 에머슨의 말이다.

42
양보하는 사람에게 좋은 사람들이 모인다
● 당장 손해일 수 있지만 결국 더 큰 기쁨과 유익 가져다줄 것 ●

양보에 관한 명언

겸손하고 양보하는 마음은 인격을 완성하는데 있어 절대 필요한 양식이다.
_존 러스킨

한평생 남에게 길을 양보해도
그 손해가 백 보밖에 안 되고,
한평생 밭두둑을 양보해도
한 마지기를 잃지 않는다.
_소학

먼저 양보하고 먼저 배려하는 사람이
결국 더 많은 것을 얻게 된다.
_애덤 그랜트

1912년 4월 영국에서 미국으로 가던 호화 여객선 타이타닉호가 북대서양에서 침몰했다. 전체 승객 2224명 중 1514명이 사망한 초대형 해난사고. 사망자가 많았던 것은 구명정이 절대 부족했기 때문이다.

정치인이자 성공한 사업가인 이시도르 스트라우스는 결혼 41주년 기념으로 아내와 함께 하녀를 데리고 유럽 여행을 한 뒤 뉴욕으로 돌아가고 있었다. 그는 노인 배려 차원에서 구명정에 먼저 승선하라는 권유에도 젊은 사람들을 태우라며 사양했다.

그러자 아내 아이다 스트라우스도 남편과 운명을 같이 하겠다며 승선을 거절했다. 그녀는 대신 하녀 엘렌 버드에게 모피코트를 입혀주며 대신 타도록 했다. "이 코트는 이제 나한테 필요 없을 것 같아요."

남을 위해 자신의 목숨까지 내어준 최고의 양보다. 아비규환 속에 배가 서서히 침몰하는 순간 선장과 배 설계자, 기관장, 백만장자, 천주교 사제, 저명 언론인, 악단원 등도 승선 기회를 양보하고 조용히 죽음을 맞이했다. 이들은 누구 할 것 없이 모두가 영웅이다. 아니 성인이라 해도 틀리지 않다.

양보가 예의 근본이며 인격을 완성하는 데 필수라고 하지만 이를 실천하기는 쉽지 않다. 당장 자신이 손해 본다는 생각이 들기 때문이다. 다들 양보하는 마음이 중요하다고 말하면서도 정작 자기 손 안에 든 이익은 놓치지 않으려고 안간힘을 쓴다.

그래서 양보를 실천하려면 반드시 남을 배려하는 겸양의 자세를 가져야 한다. 양보하는 마음에는 자신감과 여유, 겸손이 한데 어우러져 있다. 또한 남의 입장을 이해하고 인정해주는 열린 마음이 새겨져 있다.

　타이타닉호 영웅 같은 위대한 양보는 우리네 일상에서 쉽게 상상하기 힘들다. 그런 양보를 해보려 해도 기회가 좀체 오지 않는다. 하지만 우린 평소 양보의 기회를 끊임없이 접하고 산다. 조그마한 것이기에 잘 못 느끼고 살아갈 뿐 매사 양보 여부의 기로에 선다.

　친구와의 만남을 생각해보자. 약속시간을 누구 의견에 따를지, 만나는 장소를 누구 집 가까운 곳으로 정할지, 다른 친구를 더 부를지 말지, 식사 메뉴를 누구 취향에 맞출지, 이동 교통수단을 누구 뜻대로 정할지, 잘 생각해보면 거의 모든 결정에 일정한 양보가 필요하다. 양보하기는커녕 자기 욕심부리는 게 반복되면 우정에 금이 가기도 한다

　자동차 운전을 생각해보자. 거리에 나가면 양보하지 않으려는 운전자가 참 많다. 얌체 운전자, 무례 운전자가 그들이다. 사거리 회전을 위해 차선을 바꾸려는 사람에게 한사코 기회를 주지 않으려는 운전자를 자주 본다. 고속도로에 금방 진입해 끼어들기를 하지 않을 수 없는 상황에 놓인 사람에게 양보하기는커녕 위협적으로 속도를 더 내버리는 운전자도 많다. 심지어 초보 운전자에게조차 경적을 울려대기도 한다. 답답한 우리네 모습이다.

　하지만 양보는 당장 손해가 될 수 있지만 결국 나에게 기쁨

과 유익이 된다. 개인주의가 팽배한 현대사회에서 자기 주장을 제대로 내세우지 않을 경우 손해 볼 가능성이 있다. 하지만 조금만 길게 보면 내게 더 큰 이득이 된다.

미국 격언 한 마디. "싸움을 해서 충분히 얻을 수 있는 것은 없다. 그러나 양보한다면 기대한 것 이상 얻을 수 있다." 양보하는 마음 갖고 실천하는 사람에겐 반드시 좋은 사람들이 모여든다. 인생에서 그것이 가장 큰 이득이다.

43
폴란드 코르자크 선생님의 헌신
• 유대인 제자들 손 잡고 죽음의 가스실로 함께 들어간 숭고한 사랑 •

헌신에 관한 명언

가장 귀중한 사랑의 가치는
희생과 헌신이다.
_발타자르 그라시안

내가 가진 것을 내어주는 것은 조그마한 베풂이다.
나를 헌신하는 것은 진정한 베풂이다.
_칼릴 지브란

헌신이야말로 사랑의 연습이다.
헌신으로 사랑은 자란다.
_로버트 스티븐슨

　예루살렘의 홀로코스트 기념관 뜰에 코르자크 선생님을 기리는 동상이 있다. 겁에 질려 벌벌 떠는 어린 제자들을 두 팔로 꼭 껴안고 있는 모습이다. 제2차 세계대전 당시 독일 점령지 폴란드의 한 초등학교에 독일 군인들이 들이닥쳤다. 학생들을 운동장에 집합시키고는 유대인을 골라냈다. 자기들을 해치려

한다는 사실을 아는 아이들이 엉엉 울면서 코르자크의 품에 안겼다.

"선생님 너무 무서워요, 죽기 싫어요."

군인들은 아이들을 트럭에 타도록 명하면서 유대인이 아닌 코르자크를 격리하려 했다. 그러자 코르자크는 단호하게 대응했다.

"나도 함께 가겠소. 이렇게 무서워하는 아이들을 그냥 보낼 수 없소."

그는 트럭에서 아이들을 안심시키고자 꼭 끌어안고 기도했다. 트레물렌카 가스실 앞에 도착해서도 코르자크는 아이들을 꼭 안고 기도했다. 그러고는 함께 가스실 안으로 들어갔다. 아이들을 죽기 전 잠시라도 안심시키면서 끝까지 함께하고자 기꺼이 자기 목숨을 내놓은 것이다. 그라시안의 말처럼 이런 희생과 헌신이야말로 인간의 진정한 사랑 아닌가 싶다.

헌신. 교과서에 자주 등장하는 단어다. 안중근, 윤봉길, 이봉창 의사 같은 불세출의 위인 이외에도 월남전에서 중대장 근무 중 부하들을 살리기 위해 혼자 수류탄을 끌어안고 산화한 강재구 소령, 천안함 폭침 사건 때 수중 실종자 수색 중 목숨을 잃은 한주호 준위 같은 훌륭한 분은 많고도 많다. 특히 나라를 지키는 군인에게 헌신은 기본이다. 안중근 의사가 강조한 '위국헌신 군인본분 爲國獻身 軍人本分'은 변함없는 진리다. 징병으로든 모병으로든 군문에 들어간 젊은이는 나라 위해 몸과 마음을 바친다는 생각을 잊어서는 안 된다.

헌신은 군인에게만 필요한 덕목이 아니다. 부모자녀 간, 형제자매 간 등 가족은 말할 것도 없고 친구 간, 이웃 간에도 필요한 덕목이다. 참된 사랑의 조건이기 때문이다.

목숨을 던져야만 헌신인 것은 아니다. 나를 위하는 데 머물지 않고 남을 위해 기꺼이 내놓는 것이 바로 희생이자 헌신이다. 미국 실업가 존 워너메이커의 말에 귀 기울여보자.

"비누는 쓸수록 작아지는 하찮은 물건이지만 녹아 없어지면서 때를 씻어준다. 잘 녹지 않는 비누는 좋은 비누가 아니다. 사회를 위해 자신을 희생시키려는 마음이 없고 자기 몸만 사리는 사람은 녹지 않는 비누와 마찬가지로 나쁘다."

헌신은 사랑의 조건이자 감사함의 결과물이다. "헌신은 억지로 하는 것이 아니라 감사함에서 흘러 넘치는 것이다." 영국 신학자 제임스 패커의 말이다. 마음만 먹으면 반드시 어려운 것만도 아니란 생각이 든다. "한 자루의 양초로 많은 양초에 불을 옮겨 붙이더라도 첫 양초의 빛은 흐려지지 않는다."(탈무드)

교과서에 등장하는 것처럼 거창한 걸 염두에 두기 때문에 어렵다는 생각이 드는 것 아닐까. 장애를 가진 친구의 등하교에 동행해주는 고교생, 저소득층 자녀를 대상으로 무료 과외를 해주는 대학생, 코로나19에 맞서 불평불만 없이 성심껏 환자 돌보는 간호사, 아프리카 의료봉사에 나서는 의사. 거창하진 않지만 결코 작지 않은 헌신이다.

단어의 사전적 의미와 상관없이 헌신도 결국 '기쁜 나눔'이란 생각이 든다. "우리가 가진 두 손 중 한 손은 나 자신을 위한 손이고, 다른 한 손은 다른 사람을 돕는 손이다." 영화배우 오드리 헵번의 말이다.

CHAPTER 4

멋쟁이가 돼라

44
품격은 지적 노력을 해야 생긴다
• 타고난 멋쟁이는 없어. 남 배려하는 생각과 말, 행동 갈고닦자 •

품격에 관한 명언

> 왕관을 쓰려는 자는 그 무게를 견뎌야 한다.
> _윌리엄 셰익스피어
>
> 기품을 지키되 사치하지 말고
> 지성을 갖추되 자랑하지 말라.
> _신사임당
>
> 품격은 우연이 아니다.
> 항상 지적인 노력의 결과이다.
> _존 러스킨

품격이란 말이 대유행이다. 서점에 가보면 제목에 품격이 들어간 책이 참 많다. 인간의 품격, 행복의 품격, 삶의 품격, 말의 품격, 생각의 품격, 공부의 품격, 돈의 품격, 의심의 품격…. 수년 전엔 신사의 품격, 황후의 품격이란 TV 드라마가 인기를 끈 적도 있다.

아마 품격이라는 낱말의 뜻이 좋아서일 것이다. 품격의 사전적 의미는 '사람 된 바탕과 타고난 품성' 혹은 '사물 따위에서 느껴지는 품위'이다. 기품, 멋, 우아함, 운치 같은 낱말을 연상케 한다.

누구에게나 인생은 단 한 번뿐이어서 행복한 삶을 추구한다. 그것도 가치 있는 행복을 찾는다. 세속적 행복을 넘어 가치 있는 행복을 원한다면 품격은 필수다. 사실은 품격을 갖춰야 비로소 온전한 인간이 된다고 볼 수 있다.

괴테도 이 점을 명확히 했지만, 셰익스피어는 꽃과 비교해서 더 멋진 표현을 남겼다. "꽃에 향기가 있듯 사람에겐 품격이 있다. 그런데 꽃이 싱싱할 때 향기가 신선하듯 사람도 마음이 맑을 때 품격이 고상하다. 썩은 백합꽃은 잡초보다 오히려 그 냄새가 고약하다."

품격은 사람의 안과 밖 모든 것을 반영한다. 생각과 말과 행동으로 선명하게 드러난다. 나는 품격의 조건으로 대략 이런 덕목들을 생각한다. 정직(신뢰), 양심(염치), 지성, 겸손, 약속, 교양(매너), 검약, 책임감, 보은, 경청, 미소, 외모…. 이런 덕목을 얼마나 갖추느냐에 따라 각자 품격의 수준이 달라질 것이다.

우선은 셰익스피어의 말처럼 마음이 맑고 참되어야 한다. 정직한 마음씨와 양심이 그것이다. 예수와 석가, 공자, 마호메트는 이구동성으로 "착하게 살라"라고 가르쳤다. 소크라테스도

"인생을 사는 것이 중요한 것이 아니라 바르게 사는 것이 중요하다"라고 강조했다.

품격은 사회적 지위의 높낮이와는 아무 관계 없다. 말과 행동으로 나타나는 인격과 인품의 질로 결정된다. 지식과 지혜는 기본으로 갖춰야겠지만 더 중요한 것은 남을 위해 배려하는 자세다.

친구나 친척, 직장 동료, 이웃 중에 '어딘가 격이 있어 보인다'란 생각이 드는 사람을 상상해 보라. 매사에 겸손하고, 약속 잘 지키고, 책임감 있고, 남의 말 잘 들어주고, 그윽하게 잘 웃는 사람 아닌가.

이런 사람이 되기 쉽지 않겠지만 노력하면 어느 정도까진 다다를 수 있을 것 같다. 태어날 때부터 이런 요건을 다 갖춘 사람이 어디 있겠는가. 미국 저널리스트 데이비드 브룩스는 저서 〈인간의 품격〉에서 "인간은 모두 뒤틀린 목재"라고 했다. 비록 뒤틀렸지만 끊임없는 노력으로 다듬어 나가는 과정이 인생 아닐까 싶다. 맹자가 특별히 강조한 수신修身도 같은 의미라 생각된다. 결국 개개인의 품격은 고난과 어려움을 겪어내는 훈련 과정에서 자연스럽게 갖춰지는 것인가 보다.

외모도 갈고닦으면 격이 달라질까. 노력하면 조금 나아지겠지만 한계가 있을 것이다. 하지만 부족하다고 상심하진 말자. 현인들이 멋진 말로 우릴 위로해준다. 겉보다 속이며, 받는 것보다 주는 것이 품격이란다.

"사람들은 흔히 기품을 겉모습이나 패션에 관련된 말이라 여기곤 한다. 그건 심각한 오해다. 기품이란 훌륭한 취향, 우아함, 균형과 조화의 동의어다."(파울로 코엘료) "폐포파립敝袍破笠을 걸치더라도 행운유수行雲流水와 같으면 곧 멋이다. 멋은 허심하고 관대하며 여백의 미가 있다. 받는 것이 멋이 아니라 선뜻 내어 주는 것이 멋이다."(피천득)

45
정직은 최고의 처세술
• 설득의 비결이며, 행복의 원천이며, 인생의 최고 규범이다 •

정직에 관한 명언

정직은 현명함이라는 책의 첫 번째 장이다.
_토머스 제퍼슨

오래가는 행복은 정직함 속에서만 발견할 수 있다.
_게오르크 리히텐베르크

모든 사람을 잠시 속일 수 있고
일부 사람을 줄곧 속일 수 있지만
모든 사람을 줄곧 속일 수는 없다.
_에이브러햄 링컨

 안중근 의사의 어릴 적 일화 한 토막. 안중근의 아버지에게 각별히 아끼던 벼루가 하나 있었다. 그는 아들에게 벼루를 사용하지도, 건드리지도 말라고 엄명했다. 하지만 안중근은 호기심이 생겨 만지고 놀다가 그만 깨뜨리고 말았다. 안절부절못하며 어쩔 줄 몰라 할 때 하인이 와서 "어르신께서 크게 혼내실

것이므로 제가 청소하다 깨뜨렸다고 말씀드릴 테니 걱정 말라"고 위로했다. 하지만 안중근은 일언지하에 거절하고 아버지한테 정직하게 고백했다. "제가 아버지 명령을 어겼습니다. 크게 잘못했습니다. 한 번만 용서해주십시오."

회초리 세례를 받은 안중근에게 하인이 다가와 "제가 대신 나섰다면 적게 혼났을 텐데 안타깝다"고 말하자 그는 이렇게 대답했다. "종아리가 많이 아프지만 마음이 참 편해서 좋습니다."

이런 경우, 안중근 같은 위인이 아니라도 대부분 정직하게 말하고 행동할 것이라 생각된다. 여기서 중요한 것은 정직하게 행동하면 마음이 편하다는 사실이다. 행복한 인생을 위해 정직하게 살아야 함을 새삼 깨닫게 해주는 대목이다.

하지만 우리가 살다 보면 흔하게 자기 자신과 남을 속이곤 한다. 미국의 어느 대학병원에서 조사 연구한 결과 미국인의 경우 하루 평균 두 번씩 거짓말을 하며 산다고 한다. 윌리엄 셰익스피어도 정직에 관한 한 그다지 자신이 없었던 모양이다. "본래 내가 정직한 것은 아니지만 가끔 우연히 정직할 때도 있다."

그렇다. 정직하게 사는 것이 말처럼 쉬운 게 아니다. 한 치의 거짓이나 속임수, 위선도 없이 살 경우 무언가 손해 본다는 느낌이 들기 때문인지도 모르겠다. 그만큼 세상이 혼탁하다는 뜻일 수도 있겠다.

아르투어 쇼펜하우어의 말을 들어보면 세상에 정직한 사람보다 부정직한 사람이 훨씬 많다는 생각이 든다. "상인들은 유일하게 정직한 계급에 속하는 사람들이다. 왜냐하면 상인들은 돈벌이를 추구한다고 공개적으로 인정하는 반면 다른 사람들은 똑같이 돈벌이를 추구하면서도 마치 이상적인 직업인인 것처럼 보이도록 포장하고 윤색하는 위선자들이기 때문이다."_헬렌 짐먼의 '쇼펜하우어 평전'

아버지의 직업이 상인이었다는 점을 감안하더라도 그가 살았던 19세기 초반 유럽 사회가 염세주의 철학자에겐 그렇게 비춰졌던 모양이다. 200년 세월이 흐른 지금의 우리 사회는 어떤가. 높은 수준의 자유와 번영을 누리고 있음에도 개개인의 정직은 여전히 수준 이하란 생각이 든다.

어쨌거나 동서고금 현인들은 이구동성으로 정직하게 살라고 조언한다. 정직해야 현명해질 수 있고, 정직해야 오래 행복을 누릴 수 있다고 말한다. 그 이유는 정직과 진실이 결국 거짓과 위선을 이긴다는 사실을 역사가 증명하기 때문일 것이다. 모든 사람을 줄곧 속일 수 없다는 링컨의 말은 무조건 옳다.

당장의 삶이나 대인관계를 감안하더라도 정직하게 생각하고 말하고 행동하는 것이 편하고 행복하다. 거짓을 말하거나 위선을 갖고 사는 게 얼마나 불안한 일인가.

실제로 정직한 삶은 최고의 처세술이다. 거짓으로 마련한 돈과 권력, 명예는 사상누각이어서 한순간 무너져 내릴 수 있다.

그러나 정직으로 이룩한 성과물은 철옹성을 쌓을 수 있다.

레프 톨스토이의 이 한마디를 듣고 나면 정직하게 살지 않을 수 없다. "정직하라. 그 속에 설득과 덕행의 비결이 있고 정신적 영향력의 원천이 있으며 예술과 인생의 최고 규범이 있다."

46
양심의 소리에 귀 기울이기
• 선악의 심판자이며, 삶의 어두운 길 인도하는 유일한 지팡이 •

양심에 관한 명언

> 세상에서 가장 품위 있는 평화의 소리는
> 침착한 양심의 소리다.
> _윌리엄 셰익스피어
>
> 양심은 스스로 돌아보아
> 부끄럽지 않다는 자각을 갑옷 삼아
> 아무것도 두렵지 않게 하는 좋은 친구다.
> _단테
>
> 인간을 비추는 유일한 등불은 이성이며,
> 삶의 어두운 길을 인도하는
> 유일한 지팡이는 양심이다.
> _하인리히 하이네

어느 대형 백화점 사장실에 대학생 김 모 씨의 편지 한 통이 배달되었다. 편지에는 만 원짜리 지폐 두 장과 긴 사과 글이 들어있었다. 사연은 중학교 시절, 백화점에서 자그마한 로션 하나를 훔친 사실을 사죄하는 내용이었다.

친구들끼리 어울려 놀다 객기가 발동해 '백화점에서 비싼 물건 안 들키고 훔치기' 게임을 했다는 것이다. 게임에선 비교적 높은 성적을 거뒀으나 두고두고 양심의 가책을 느끼며 살아야 했다고 고백했다. TV에서 '과거 잘못 고백하기' 프로그램을 시청하다 사죄 편지를 쓰기로 결심했다고 적었다.

"사장님, 여기 로션값 만 원과 제 양심을 판 값 만 원을 동봉합니다. 어린 시절 치기로 널리 이해해 주시면 평생 남 속이지 않고 정직하게 살겠습니다. 용서해주십시오."

이렇듯 사람의 마음에는 양심이라는 도덕률이 있기에 스스로 부끄러움을 알고, 뉘우치는 행동을 하게 된다. 이 대학생은 뒤늦게나마 양심의 소리에 귀 기울이고 사죄했기에 이후 참된 삶을 살 수 있을 것이다.

양심의 사전적 의미는 '사물의 가치를 변별하고 자신의 행위에 대해 옳고 그름과 선과 악의 판단을 내리는 도덕적 의식'이다. 양심의 영어 표현 'conscience'의 그리스어와 라틴어 유래를 보면 '함께 앎' 혹은 '공통의 깨달음'이다. 민족이나 국가 종교 언어와 상관없이 공동체 구성원 전체가 옳다고 느끼는 생각을 가리킨다고 볼 수 있다.

양심은 필연적으로 수치심을 동반한다. 수치심은 양심에서 나온다. 따라서 도덕에 반하는 행동을 하고도 부끄러움을 느끼지 않는 사람은 양심이 없음을 뜻한다. 그런 사람은 언젠가 이웃에 해악을 끼칠 가능성이 있다.

반대로 양심에서 발현되는 부끄러움이 워낙 큰 나머지 사람의 목숨에 영향을 미치기도 한다. 대통령, 국회의원, 시도지사 등이 스스로 목숨을 끊는 것은 양심의 가책, 즉 수치심이 극에 달했음을 뜻한다.

어쨌거나 양심은 인생을 살면서 반드시 지녀야 할 인간 고유의 품성이다. 그것을 갖지 않은 사람은 짐승과 별반 다르지 않다. 양심에 대한 장 자크 루소의 묘사는 아름다우면서도 단호하다.

"양심! 신성한 본능이여, 하늘의 소리요 지성과 자유의 안내자, 선악에 대한 심판자, 인간 본능의 우수성과 도덕성의 근본. 그대가 존재하지 않으면 단지 규율 없는 모정과 원리 없는 이성의 도움을 빌려 잘못만을 저지르는 특권을 느낄 뿐이며 그때는 누구나 짐승일 따름이다."

우리 사회의 양심 수준은 어디쯤일까. 다른 선진국들에 비해 사기 사건이 유별나게 많다는 점에서 나는 그다지 높지 않다고 본다. 잘 믿기지 않겠지만 검찰과 경찰 고소고발 건수를 기준으로 할 때 미국이나 일본에 비해 인구 대비 10~100배 높은 수준이란다.

사기죄는 사람을 속여 재물을 얻거나 재산상의 이익을 취하는 범죄다. 전형적인 양심 부재 범죄다. 이런 범죄가 많은 이유를 나는 성장기에 흔하게 경험하는 새치기와 커닝에서 찾는다. 이를 방치하는 어른들부터 각성할 일이다.

거창하게 사회를 걱정할 필요도 없다. 우리 개개인의 성공과 행복을 위해서는 항상 양심을 가슴에 새기고 살아야 한다. 로마 철학자 에픽테토스의 지적은 지금도 옳다.

"세상에서 가장 강한 것은 양심이다. 양심이 약하면 인간도 약해진다. 많은 양심을 보존함으로써 인생을 가장 강하게 살아나갈 수 있다는 점을 사람들은 너무도 생각하지 않고 있다."

47
겸손과 교만은 동전의 양면
• 겸손은 도덕의 근본이지만 지나치면 교만, 위선으로 비친다 •

겸손에 관한 명언

> 겸손은 윗사람에게는 의무,
> 동등한 사람에게는 예의,
> 아랫사람에게는 기품이다.
> _벤저민 프랭클린

> 겸손은 보통 사람에게는 미덕이지만
> 위대한 재능을 가진 사람에게는
> 하나의 위선이다.
> _윌리엄 셰익스피어

> 거짓으로 꾸민 겸손은
> 겉치장을 많이 한 몰염치함이다.
> _칼릴 지브란

"내 학설은 다만 옛 성인과 현인들의 가르침을 그대로 조술祖述해서 전하고 있을 뿐이며 여기에 나 자신의 새로운 생각을 가미하거나 창작한 것이 아니다.(공자)"내가 유일하게 아는 것은

내가 아무것도 모른다는 사실이다.(소크라테스)

　동서양 최고 현인의 겸손이다. 평생의 지적 성취에 대해 자신을 한없이 낮추는 미덕, 동서양 최고의 겸손 표현이 아닐까 싶다. 수백 년 뒤에 등장한 예수도 겸손의 중요성을 수없이 강조했다.

　남과 더불어 사는 세상에서 상대방을 높이고 자신을 낮추는 겸손의 중요성은 아무리 강조해도 지나치지 않다. 인간관계에서 도덕과 예禮의 기본이다. 예수의 가르침처럼, 자신을 높이면 오히려 낮아지고, 반대로 낮추면 오히려 높아지는 기이하고도 신비한 덕목이다.

　겸손에 관한 벤저민 프랭클린의 설명은 참으로 명쾌하게 들린다. 윗사람에겐 의무, 동등한 사람에겐 예의, 아랫사람에겐 기품이라 했으니 누구나, 누구에게나 겸손하지 않을 수 없다는 생각이 든다.

　실제로 품성이든 실력이든 본인 스스로 애써 높이려는 사람은 꼴불견이다. 아무리 자기 PR시대에 산다지만 인정이나 칭송은 남이 해줘야 품격 있어 보인다. 자화자찬은 자기 입으로 매력을 떨어뜨리는 어리석음이다. 세상사 자기 자랑으로 높은 평가를 받는 경우는 매우 드물다.

　겸손 여부는 삶의 성공과 실패에도 직접 영향을 미치기 때문에 더더욱 중요하다. 자만의 위험성 때문이다. 미국의 심리학자이자 베스트셀러 작가 애덤 그랜트는 저서 '싱크 어게인'(이경식 옮김)에서 이렇게 말했다.

"오만함은 자기 약점을 바라보지 못하게 눈을 가린다. 겸손함은 반사용 렌즈라서 자기 약점을 선명하게 바라볼 수 있게 도와준다. 확신에 찬 겸손함은 교정용 렌즈라서 그 약점을 극복하게 돕는다."

레프 톨스토이도 비슷한 이유로 겸손의 중요성을 설명해준다. "겸손할 줄 모르는 사람은 언제나 남을 비난한다. 그는 다만 남의 허물만을 잘 알고 있다. 그래서 그 자신의 욕정이나 죄과는 점점 커져가게 마련이다."

하지만 겸손을 실천하는 게 그리 쉬운 일은 아니다. 남에게 인정받고 싶은 욕망, 남보다 자신이 더 뛰어나다는 평가를 받고 싶은 욕구는 인간 본능에 가깝기 때문이다. 자신을 낮추려고 힘써 수양하는 수밖에 없다.

겸손이 아무리 중요하다 해도 속마음과 달리 과도하게 겉치장하는 것은 금물이다. 셰익스피어는 이를 위선이라 했으며, 지브란은 몰염치라고 했다. 교만이나 아첨으로 전락할 수도 있다.

실제로 누가 보더라도 상당한 능력을 갖춘 사람이 지나치게 자신을 평가 절하하는 언행을 할 경우 미덕으로 받아들여지기보다 교만으로 비춰진다. 반대로 비관적인 심성에다 객관적으로 능력이 떨어지는 사람이 인정받고 싶은 욕구를 숨긴 채 겸손을 과도하게 표현하는 것도 위선으로 비칠 수 있다. 결국 겸손과 교만, 겸손과 위선은 동전의 양면이라 하겠다.

거기다 겸손한 언행을 하는 사람 중에는 자신감이 부족한 나머지 능력을 갖추고 있음에도 실행을 꺼리는 경우가 있다. 이런 겸손도 미덕이라 보기 어렵다. 심리학자들은 이런 유형의 경우 시기, 질투심의 원인이 될 수 있다고 본다.

이런 점을 감안해보면, 우리네 보통 사람들에게 겸손은 정도가 적절하고 의도가 순수해야 좋겠다는 생각이 든다. 그래서 나는 이 말이 참 좋다. "겸손해라. 그것은 다른 사람에게 불쾌감을 주지 않는 최고의 자신감이다."

48
'언제 한번'이란 약속은 금물
• 약속은 말로 하는 계약이며 부채. 반드시 지켜야 한다 •

약속에 관한 명언

> 사람은 자기가 한 약속을 지킬 만한
> 좋은 기억력을 가져야 한다.
> _프리드리히 니체

> 약속을 지키는 최고의 방법은
> 약속을 하지 않는 것이다.
> _나폴레옹 1세

> 아이에게 무언가 약속을 하면 반드시 지켜라.
> 지키지 않으면 당신이 아이에게
> 거짓말하는 것을 가르치는 것이 된다.
> _탈무드

영국 해군 제독의 아들로 태어나 미국의 펜실베이니아 식민지를 개척한 윌리엄 펜. 그는 유럽에서 건너온 다른 백인들과는 달리 인디언들과 우호적인 관계를 맺고 지냈다. 매사 그들 의사를 존중했으며, 정복이 아닌 상업적 거래로 식민지를 개척

했다. 어느 날 인디언들이 그에게 농담으로 이색적인 제안을 했다. "당신이 원한다면 우리 땅을 가져도 좋소. 다만 당신이 하루 동안 걸어서 돌아오는 땅만큼만 가지도록 하시오."

펜은 그들의 말을 믿고 다음 날 하루 종일 걸은 뒤 해 질 무렵 인디언들에게 와서 약속한 대로 땅을 달라고 했다. 인디언들은 깜짝 놀랐다. 농담으로 한번 해 본 말이지만 자신들의 말을 믿고 실행해 준 것이 놀랍고 고맙게 여겨졌다. 결국 펜은 약속한 땅을 받을 수 있었고 그것이 오늘날 필라델피아가 포함된 펜실베이니아 주 건설의 기반이 되었다.

약속은 신뢰의 표현이다. 약속을 하는 것도, 지키는 것도 쌍방 간의 믿음이 기초가 되어야 하며, 책임감이 따르기 때문에 반드시 이행되어야 한다. 인디언들은 농담으로 한 약속일지언정 평소 펜과 두터운 신뢰가 있었기에 흔쾌히 자신들의 땅을 내어주었을 것이다.

약속은 하는 것보다 지키는 것이 중요하다. 약속을 하기는 쉽지만 지키기는 어렵기 때문이다. "약속은 말이 아니라 행동이다"라고 한 철학자 장 폴 샤르트르의 말 속에 그 뜻이 고스란히 담겨있다.

법적 효력을 가진 계약이나 정치적 합의처럼 거창하지 않더라도 모든 개인적인 약속은 지켜져야 쌍방 간 신뢰관계가 유지 발전될 수 있다. 〈인간관계론〉의 저자 데일 카네기의 말을 들어보자.

"아무리 보잘것없는 것이라 하더라도 한번 약속한 일은 상대방이 감탄할 정도로 정확하게 지켜야 한다. 신용과 체면도 중요하지만 약속을 어기면 그만큼 서로의 믿음이 약해진다. 그러므로 약속은 꼭 지켜야 한다."

일상에서 친구 간, 직장 동료 간, 이웃간 약속의 대다수는 크고 작은 만남을 합의하는 것이다. 구두로 할망정 그 의미는 계약서를 교환하는 것과 다르지 않다. 친한 사이에 약속을 하면서 새끼손가락을 건 다음 엄지손가락을 맞대기도 한다. 이를 두고 흔히 도장 찍는다고 말하지 않는가.

미생지신尾生之信이라고, 지나치게 융통성 없는 약속 이행은 예외로 치더라도 모든 약속은 반드시 지키는 것이 원칙이다. 작은 약속이라고 무시해선 안 된다. 부모가 어린 자녀와 한 약속도 마찬가지다. 자기 자녀에게 거짓말을 가르칠 수는 없지 않은가.

약속은 지킬 자신이 없으면 하지 않는 것이 상책이다. 약속은 하는 순간 부채이기 때문에 부채를 갚을 자신이 없다면 당연히 하지 말아야 한다. 그럼에도 우리는 쉽게 약속을 한다. 거절하기 어려운 사정이 있을 수 있다. 그러나 괜히 약속했다가 지키지 못해 신의를 잃는 것보다는 거절하는 편이 낫다.

평소 무책임한 약속을 남발하는 대표적인 표현이 '언제 한번'

이다. 언제 점심 한번 먹자, 언제 술 한잔 하자, 언제 한번 전화할게, 언제 한번 만나자…. 이런 말 남발하면 실없는 사람 된다. 정말로 '언제 한번' 하고 싶다면 지금 바로 약속을 잡아야 하고, 그럴 마음 없다면 입 다물면 그만이다.

약속은 남하고만 하는 게 아니다. 자기와의 약속도 중요하다. 스스로 자기와 약속했다가 지키지 않고 작심삼일(作心三日) 하는 것을 경계해야 한다. 자기 자신에게 신뢰를 깨는 행위이기 때문이다.

49
매너에서 사람의 향기가 난다
● 지식과 지혜를 빛나게 하는 삶의 발광체. 노력의 산물 ●

매너에 관한 명언

나쁜 매너는 이성도 정의도 깨뜨리고 만다.
그러나 세련된 매너는 싫은 것도 잘 보이게 한다.
_발타자르 그라시안

매너는 지식에 광채를 나게 하고
처신에 원활함을 준다.
_체스터필드

아름다운 자세를 갖고 싶다면
결코 당신 혼자서 걷고 있지 않음을 명심하라.
_오드리 헵번

사람의 품격을 가늠하는 데 매너는 필수 요소다. 사고능력이나 지식, 지혜가 아무리 크다 해도 말이나 행동으로 표현되는 매너가 좋지 않으면 품격을 잃게 된다.

품격 있는 신사, 혹은 숙녀란 평가를 받으려면 스스로 세련된 매너를 갖추도록 노력해야 한다. 매너는 에티켓, 예의, 예절과

동의어에 가깝다. 넓은 의미의 교양에 속한다고 하겠다. 매너의 좋고 나쁨은 사회적 지위나 교육 수준, 외모와 별 관계 없다. 매너가 좋은 사람은 이런 요건의 부족함을 상당 정도 메울 수도 있다.

매너는 누군가와 만날 때부터 헤어지는 순간까지 언행 하나하나에 드러나기 때문에 그 수준을 숨길 수가 없다. 매 순간 평가받는다고 생각하면 얼마나 중요한지 모른다. "당신의 매너는 언제나 평가 받고 있다. 생각지도 못한 순간에 예상치도 못한 심사위원에게 큰 보상을 받거나 인정받지 못하는 기준이 된다." 미국 시인 랠프 왈도 에머슨의 말이다.

사실 매너는 범위가 굉장히 넓다. 더불어 사는 일상의 모든 언행에 나타난다. 대화 매너, 전화 매너, 인사 매너, 노래방 매너, 복장 매너, 식사 매너, 운전 매너, 경기 매너, 골프 매너, 무대 매너, 섹스 매너, SNS 매너….

이런 매너를 종합해 보면 그 본질은 다음 3단계로 요약할 수 있다. 1단계, 남에게 피해를 끼치지 않는다. 2단계, 남에게 좋은 인상을 준다. 3단계, 남을 배려하고 존중한다. 1단계는 더불어 사는 사람의 기본이다. 2단계는 사귀고 싶은 사람이 되는 수준이다. 3단계는 훌륭하다는 평가를 받는 사람이다.

운전 매너를 생각해보자. 멀쩡한 신사가 운전대만 잡으면 욕쟁이가 되는 경우를 흔하게 본다. 자기도 얌체운전 하는 주제에 남이 차선 변경을 하고자 끼어들면 양보하지 않으려 한다. 이 과정에서 마구 경적을 울리거나 욕설을 내뱉는다. 매너 빵점이니 품격도 빵점이다.

골프는 예나 지금이나 매너의 스포츠라 불린다. 나쁜 매너는 나쁜 스윙보다 더 나쁘다는 말이 있을 정도다. "골프는 인생의 반사경, 티샷에서 퍼팅까지의 과정이 바로 인생 항로다. 동작 하나하나가 바로 그 인간됨을 적나라하게 드러낸다." 윌리엄 셰익스피어의 말이다. 비공식 골프 경기는 사실상 심판이 없기에 각자 양심을 지키고, 매너를 갖추지 않으면 정상적인 진행이 어렵다.

SNS 매너가 더없이 중요한 시대다. 카카오톡이나 페이스북, 인스타그램, 트윗 계정 한두 개 안 가진 사람이 없을 것이다. 인터넷이 소통의 대세인 만큼 인터넷상에서의 매너는 품격의 높고 낮음을 결정하는 중요한 잣대가 된다. SNS상에서 정치적 의견이나 종교적 지향을 드러내다 매너 없는 사람으로 전락하는 모습을 흔하게 본다. 인터넷상이라고 편하게 자기 주장을 펴거나 가르치려 들다 눈살을 찌푸리게 한다. 기본적으로는 말이 많은 게 문제다. 얼굴은 보이지 않지만 대화를 독점하는 행위는 남을 불편하게 한다.

자랑도 매너 없음의 대표적인 케이스다. 직장에서 우수 사원에 뽑혀 큰 상을 받았다는 이야기, 유명인과 잘 안다며 좋은 음식점에서 함께 식사했다는 사연, 배우자 혹은 자녀 자랑. 이런 것이 경험하지 못한 다수의 사람을 우울하게 한다.

  매너는 타고나는 품성이 아니다. 노력해야 하고, 노력하면 좋아진다. 소크라테스는 말했다. "좋은 평판을 쌓는 방법은 당신이 보여주고 싶은 모습을 갖추기 위해 노력하는 것이다."

50
10원은 아끼고 100원은 써라
• 사치는 탐욕이며 행복과 무관. 검약하되 인색하지는 말자 •

검약에 관한 명언

> 원하는 것을 사지 말고 필요로 하는 것을 사라.
> 필요하지 않은 것은 1원짜리라도 비싼 것이다.
> _마르쿠스 카토

> 지나치게 소박한 생활을 했다고
> 후회하는 사람은 아무도 없다.
> _레프 톨스토이

> 사치하면 교만하기 쉽고 검약하면
> 고루하기 쉽다. 교만한 것보다는
> 차라리 고루한 것이 낫다.
> _논어

"10원은 아끼고 100원은 써라."

어릴 적 할아버지한테 자주 들었던 얘기다. 각종 모임에 다녀와서 가족들에게 바깥 소식 전할 때 주로 이런 멘트를 하셨다. 푼돈을 한두 푼이라도 절약해야 비로소 큰돈이 되며, 사람 행세 제대로 하려면 꼭 써야 할 땐 큰돈이라도 흔쾌히 내놓을 줄 알아야 한다는 해설이 뒤따랐다.

술 드신 할아버지 잔소리 정도로 생각했던 이 말씀이 나이 들수록 가슴에 와 닿는다. 돈에 대한 철학, 돈과 삶의 관계를 이처럼 지혜롭게 묘사한 말을 나는 들어본 적이 없다. 글 공부 일천한 시골 노인의 가르침이지만 동서고금 어떤 현인의 명언 못지않다고 나는 생각한다.

검약은 예나 지금이나 삶의 중요한 덕목이다. 그것은 미래의 편안함을 위해 현재의 욕구를 억제하는 능력이다. 검약하지 않고 부자 되는 사람 거의 없고, 검약함에도 가난한 사람 또한 거의 없다. 현재 우리는 유사 이래 가장 풍족한 세상을 살고 있지만 낭비를 일삼으면 언제 빈털터리가 될지 모른다.

우리 사회의 경우 가난을 직간접으로 경험한 노년층과 중장년층은 검소하고 절약하는 생활이 몸에 배어있다. 이에 반해 청년들 중에는 사치, 혹은 낭비의 수렁에 빠진 이를 흔하게 본다. 사치는 습관으로 굳어질 가능성이 크기 때문에 청년기 사치는 미래의 궁핍으로 이어질 수 있다.

더구나 기본 재산이 거의 없는 청년의 사치는 자립기반을 마련하기 어렵다는 점에서 걱정이 아닐 수 없다. 단칸 셋방살이 못 면하는 주제에 비싼 외제차에다 명품만 골라 찾는 청년들을 두고 하는 말이다. 연봉이 제아무리 많아도 경쟁 삼아 흥청망

청 써대면 감당이 불감당이다. 과시욕에 따른 사치는 행복을 가져다주지도 않는다.

실제로 사치는 행복과 무관하다. "행복을 사치스런 생활 속에서 구하는 것은 마치 그림 속의 태양에서 빛이 비치기를 기다리는 것과 마찬가지다." 한 시절 누릴 것 다 누리고 간 나폴레옹 1세의 말이다.

사치가 행복을 가져다주지 않는 이유는 사치할 경우 아무리 부유해도 부족함을 느끼기 때문이다. 사치는 탐욕의 어머니란 말이 나온 이유다. 반대로 소박한 삶을 사는 사람은 큰 욕심을 갖지 않기에 매사 여유가 있다. 비록 가진 것이 부족하지만 남에게 베풀려는 마음까지 생긴다.

인생 황금기 18년 동안 반도 끝 벽지에서 유배생활을 한 정약용이 이를 몸소 경험했던 것 같다 "내가 귀양살이하면서 수령들을 살펴보았는데 나를 동정하고 도움을 주는 사람은 모두가 그 의복이 검소했고, 화려한 옷을 입고 얼굴에 기름기가 돌며 음탕한 짓을 하는 수령은 나를 외면했다."

검소하고 절약해야 한다고 무작정 돈을 쓰지 말라는 게 아니다. 절약과 저축이 아무리 미덕일지라도 인색할 정도가 되면 곤란하다. 꼭 써야 할 때 움켜쥐고만 사는 구두쇠, 수전노는 또 다른 불행이다. 인색함은 도움이 필요한 사람에게 주머니 여는 것을 외면하는 것이기에 사치 못지않은 탐욕이다. 남에게 손가락질받기 일쑤이며, 자기 스스로 부자유함을 느끼게 된다. 돈에 노예가 되는 꼴이다. 행복할 리 없다.

역시 중용이 답이다. 분수를 알고 절제하며 만족하는 삶을 즐기되 남을 위한 쓰임새가 생기면 기분 좋게 베풀 줄도 알아야 한다. 검이불인儉而不吝이다. 검소하되 인색하지 않게 살라는 말이다.

51
사과는 빠르게, 키스는 천천히
• 진정성과 타이밍이 중요. 어린 자녀에게도 사과해야 한다 •

사과에 관한 명언

'미안하다'는 단지 한 단어지만
천 가지 행동에 맞서는 단어다.
_사라 오클러

지금 누군가에게 사과하기를 거절한다면
이 순간은 언젠가 당신이 용서를 구해야
할 때로 기억될 것이다.
_토바 베타

사과는 빠르게, 키스는 천천히.
_오드리 헵번

인류 역사를 바꾼 위대한 사과 3개를 아는가? 인간의 원죄를 최초로 확인한 아담과 하와의 사과, 만유인력의 법칙을 발견한 아이작 뉴턴의 사과, IT 혁명을 이끈 스티브 잡스의 사과가 그것이다. 그럼 4번째 위대한 사과는 무엇일까요? 자기 잘못을 인정하고 용서를 비는 사과Apology가 그것이다.

누군가 우스개로 만든 이야기겠지만 그 의미가 작지 않다. 먹는 사과 3개가 각기 창조, 지혜, 혁신을 뜻한다면 용서를 비는 사과는 사랑을 담고 있다. 이 사과는 누군가에게 사랑을 주기도 하고, 받기도 하는 마법의 행위다. 양쪽을 오가는 사랑스러운 향기다.

살다 보면 남에게 잘못을 저지르는 수가 있다. 부적절하거나 나쁜 언행으로 마음의 상처를 주는 것은 흔히 있는 일이다. 누군가를 평생 힘들게 할 정도로 큰 잘못을 저지르기도 한다. 크고 작은 악행은 인간의 어쩔 수 없는 한계인지도 모른다.

중요한 것은 사과다. 적기에, 제대로 사과하고 용서를 받으면 없었던 일처럼 간단하게 해결될 수도 있다. 하지만 사과 거부로 용서를 이끌어내지 못해 일이 한없이 꼬이는 경우를 흔하게 본다.

사과는 달콤한 복수라고 했다. 자기 잘못을 깨끗하게 인정하는 것이 마음 편해서일 것이다. "잘못을 인정하는 것처럼 마음이 가벼워지는 일은 없다. 그러나 자기가 옳다는 것을 인정받으려고 하는 것처럼 마음이 무거운 것은 없다." 탈무드에 나오는 말이다.

그렇다. 잘못을 인정하고 용서를 구하는 것은 상대방 못지않게 자기 자신의 마음을 편하게 해준다. 관계 정상화의 열쇠라 하겠다. 사과에는 다소 용기가 필요하겠지만 주저할 이유는 없다. 서양 사람들처럼 '아이 엠 쏘리'를 입에 달고 사는 것도 나쁘지 않아 보인다.

그런데 사과에는 요령이 필요하다. 시기와 방법, 내용이 적절해야 그 효과가 크다. 가장 중요한 것은 역시 진정성이다. 자신의 잘못을 정확히 파악하고 인식해 진심으로 용서를 빌어야 한다. 잘못을 제대로 인식하지 않거나 못한 상태에서 사과의 말을 할 경우 금방 진정성을 의심받게 된다. 상대방이 심하게 화를 내는데 그 이유를 모르겠다면 역지사지易地思之가 답이다. 입장을 바꿔놓고 생각해보면 자기 잘못이 쉽게 드러날 것이다.

자기 잘못을 파악하는데 애매할 때가 있다. 잘못한 것 같기도 하고 아닌 것 같기도 한 경우가 왜 없겠는가. 하잖은 잘못을 문제 삼는데 섭섭한 마음이 들 수도 있다. 이럴 땐 마음 비우고 흔쾌히 사과하는 편이 낫다. 지는 것이 이기는 것이란 말도 있지 않은가.

사과는 타이밍이 중요하다. 가급적 빨리 하는 게 오해를 푸는 데 좋다. 상대방이 화를 참지 못하는 상태라면 묵묵히 들어주는 것이 최고의 사과가 될 수도 있다. 마주 보고 하는 게 가장 성의 있는 방법이지만 상대방의 성격에 따라 냉각기가 필요하다는 생각이 들 경우 편지나 문자 메시지로 사과의 뜻을 전한 뒤 별도의 만남을 갖는 것도 방법이다.

사과에는 위아래가 없다. 잘못한 일을 했다면 아랫사람에게도 반드시 용서를 구해야 한다. 어린 자녀에게도 마찬가지다. 어릴 적 부모에게서 받은 상처가 평생 트라우마로 남아 있는 사람이 의외로 많다. 부모와 자녀 모두 불행이다. 자녀는 아무리 나이가 어려도 온전한 인격체다. 자녀에게 흔쾌히 잘못을 인정하고 사과하는 부모가 훌륭한 어른이다.

52
미켈란젤로의 책임감
• 언제, 어떤 위치에 있든 책임을 다하면 반드시 성공한다 •

책임감에 관한 명언

> 자기 책임을 저버리지 않으며
> 남에게 책임을 전가하지 않는 것이
> 고귀한 일이다.
> _프리드리히 니체
>
> 책임을 지고 일하는 사람은
> 반드시 두각을 나타낸다.
> 일의 크고 작음에 상관없이
> 책임을 다하면 꼭 성공한다.
> _데일 카네기
>
> 오늘의 책임은 회피할 수 있지만
> 내일의 책임은 회피할 수 없다.
> _레프 톨스토이

이탈리아 어느 부잣집에 소년 일꾼이 있었다. 주인은 오래 방치해 둔 탓에 지저분하기 짝이 없는 정원 가꾸기를 이 소년에게 맡겼다. 다른 일꾼들이 귀찮아하며 한사코 꺼리던 일이었다.

소년이 힘든 노동을 감내하며 물 뿌리기와 가지치기, 거름주기를 꾸준히 한 결과 정원은 어느새 깔끔해졌다. 소년은 이에 만족하지 않고 목재 울타리와 나무 화분에 조각을 하기 시작했다. 얼마 지나지 않아 정원은 크나큰 예술 작품처럼 화려하게 변신했다.

주인이 물었다. "너는 조각을 한다고 임금을 더 주는 것도 아닌데 왜 뙤약볕에서 매일 그렇게 고생을 하느냐?" 소년은 대답했다. "정원 가꾸기는 제가 맡은 일입니다. 그러므로 아름답게 꾸미는 것은 당연히 제 책임입니다."

주인은 소년의 남다른 책임감에 감탄했고, 장학금을 마련해 원하던 미술학교에 보내줬다. 그가 바로 르네상스 시대의 위대한 조각가이자 화가 미켈란젤로다. 다비드상, 피에타, 천지창조, 최후의 심판 같은 걸작은 이런 책임감의 산물이겠다.

이처럼 책임감은 인격의 기본인 동시에 누군가의 인생을 바꿀 수 있는 힘이다. 성공의 필수 요건이라 해도 틀리지 않다. 가정이든 직장이든 사회공동체든 책임감이 결여된 사람이 좋은 평을 받을 리 만무하다. 주인 입장에서 투철한 책임감과 사명감을 갖춘 미켈란젤로를 성공의 길로 이끌어 준 것은 당연한 일인지도 모른다.

책임감이 있느냐 없느냐의 차이는 사람의 품격을 가늠하는 데도 중요한 잣대가 된다. 책임은 남녀노소 할 것 없이 모든 사람에게 주어지는 문제다. 조별과제 중인 대학생, 프로젝트에 참여한 직장인, 함께 여행하는 친구…. 특별한 지위에 있지 않더라도 책임은 개개인 모두에게 주어진다.

그런데 조별과제나 프로젝트, 여행을 함께 할 때 책임감을 갖고 성실하게 역할을 수행하는 사람이 있는가 하면, 슬슬 뒤꽁무니 빼는 사람도 있다. 전자는 솔선수범한다며 칭송받지만 후자는 얌체, 무임승차라며 손가락질받는 건 당연한 일이다. 얌체 짓을 반복할 경우 자기도 모르는 사이 조직에서 서서히 밀려나게 된다.

책임감은 주인의식과 궤를 같이한다. 현재 지위에서 주인인지 아닌지는 중요하지 않다. 시간이 흐르면 책임감 여부에 따라 자연스럽게 그것이 정해진다. 도산 안창호 선생이 이 점을 분명하게 짚어줬다. "민족과 사회에 대하여 책임감 있는 이는 역사의 주인이요, 책임감 없는 이는 역사의 객이다."

품격 측면에서 볼 때 지위가 높은 사람, 권력을 가진 자가 책임을 회피하는 것은 꼴불견이다. 사람들은 누구나 책임이란 단어에 벌을 연상한다. 어떤 프로젝트에 실패하거나 목표 달성에 미달될 경우 누군가 벌을 받아야 한다. 그런데 관련 책임자가 이런 상황을 애써 외면하는 경우를 자주 보게 된다.

존 F. 케네디의 말이 가슴에 와 닿는다. "승리했을 땐 자기 때문이라고 나서는 사람이 100명이지만 실패하면 책임을 지는 사람이 한 명밖에 없다. 내가 유일하게 책임을 지겠다." 설령 미국 대통령이 아니더라도 이런 자세라야 인정받고 존경받을 수 있지 않을까.

그렇다. 좋은 권위는 책임감을 먹고 자란다. "책임과 권위는 동전의 양면과 같다. 권위가 없는 책임은 있을 수 없으며 책임이 따르지 않는 권위도 있을 수 없다." 사회학자 막스 베버의 통찰이다.

윈스턴 처칠의 말이 단순 명료해서 더 멋있다. "위대함의 대가는 책임감이다."

53

경청의 321 법칙

• 3분간 듣고, 2분간 맞장구치고, 1분간 말하라 •

경청에 관한 명언

> 귀는 친구를 만들고 입은 적을 만든다.
> _탈무드

> 개미보다 설교를 잘 하는 사람은 없다.
> 그런데 개미는 말이 없다.
> _벤저민 프랭클린

> 현명하고자 한다면 현명하게 질문하는 방법,
> 주의 깊게 듣는 태도, 그리고 더 이상 할 말이 없을 때
> 말을 그치는 방법을 알아야 한다.
> _레프 톨스토이

"인생에서 성공을 A라고 한다면 성공 법칙을 $A=X+Y+Z$으로 나타낼 수 있다. X는 일하는 것, Y는 노는 것이다. 그러면 Z은 무엇인가? 그것은 침묵을 지키는 것이다."

천재 물리학자 알베르트 아인슈타인의 말이다. 과학자다운 화법이긴 하지만 그가 왜 이런 말을 했을까. 말 많은 사람을 몹

시 싫어했던 모양이다. 실제로 그는 '과학자로 성공하려면 어떻게 해야 하느냐'는 제자들의 물음에 "입은 적게 움직이고 머리를 많이 움직여야 한다"라고 조언했다고 한다.

아인슈타인은 과학자라 해서 실험실에 틀어박혀 외로이 연구만 한 사람이 아니다. 그의 대인관계, 인맥관리 능력은 상위 0.001%다. 미국과 이스라엘 대통령, 벨기에 여왕, 인도 시인 타고르, 독일 정신분석학자 지그문트 프로이트, 배우 찰리 채플린과 깊이 교제할 정도로 마당발이었다.

비결은 경청과 침묵이었다. 호기심이 유난히 많았던 그는 만나는 사람마다 질문을 하고 열심히 듣는 편이었다. 자기 주장을 내세우기보다 귀 기울여 듣고 리액션을 잘 했다고 한다. 이런 사람을 누가 싫어하겠는가.

경청은 동서고금 현인들이 이구동성으로 강조하는 덕목이다. 최고의 화법은 경청이라고 다들 인정하고 말하지만 실천은 그리 쉽지 않다. '입은 닫고 지갑은 열라고 했다'고 말하는 사람조차 듣지 않고 말하기 바쁘다. 나이 들수록 심해진다.

왜 그럴까. 듣지 않고 말하길 좋아하는 이유는 십중팔구 자랑하고 싶은 마음을 감출 수 없기 때문이다. 내세울 만한 자신의 이력과 경험, 가족과 직장, 지식 따위를 드러내고자 안달이 난 상태라 할 수 있다. 이런 말을 들어주는 것은 가족이나 절친 아니면 누구에게나 고역이다. 시기 질투심을 불러일으킬 수도 있다.

반대로 현명하고 지혜로운 사람은 상대방의 말을 들어줘야 마음을 얻을 수 있음을 알고 실천한다. 누군가 상처받아 힘들어할 때 사랑의 눈빛으로 조용히 들어주는 것만으로도 큰 도움이 된다. 교훈적인 말이나 조언도 필요 없다. 정신과 의사나 심리 상담사가 귀 기울여 들어주는 치료법을 쓰는 이유다.

상대방이 잔뜩 화가 났을 때도 마찬가지다. 1시간 정도만 들어주면 대부분 진정된다. 직장에서도 경청은 얼마나 중요한지 모른다. 아랫사람이나 동료의 의견을 주의 깊게 듣는 과정은 집단지성을 도출하는 데 필수다. 전통적이고 위계적인 리더십이나 인간관계로는 구성원의 호기심과 창의성, 자발적 참여를 이끌어내기 어렵다.

경청에는 인내심이 필요하다. 그러나 쟈크 워드의 말을 들어보면 아무리 힘들어도 경청을 실행해야겠다는 생각이 든다. "어떠한 칭찬에도 동요하지 않는 사람도 자신의 이야기에 마음 빼앗기고 있는 상대방에겐 마음이 흔들린다."

대화할 때 듣기와 말하기 비율을 어느 정도로 하는 게 가장 좋을까. 딱히 정답이 있을까마는 내 지인은 321법칙이 최고라고 주장한다. "3분간 듣고, 2분간 맞장구치고, 1분간 말하라." 좋아 보이긴 하지만 동급, 동연배의 만남이라면 결코 쉽지 않을 것이다.

그러나 미국 토크계의 전설이자 한때 세계 최고 앵커라 불렸던 래리 킹도 경청을 중시했다니 애써 노력하긴 해야겠다. 그는 저서 〈대화의 신〉에서 이렇게 말했다. "말을 제일 잘하는 사람은 논리적으로 말을 하는 사람이 아니라 남의 말을 잘 들어주는 사람이다." 남의 말 잘 들어주는 사람에게선 향기가 난다. 나도 그런 사람이 되고 싶다.

54
미소는 공짜 보약
● 행복해서 웃는 것이 아니라 웃기에 행복하다 ●

웃음에 관한 명언

> 인류에게 정말로 효과적인 무기가 하나 있다.
> 그것은 바로 웃음이다.
> _마크 트웨인

> 세상이 눈물의 골짜기라면
> 그 위에 무지개가 떠오를 때까지 미소 지어라.
> _루시 라콤

> 행복은 인생의 유일한 목적이다.
> 그런데 하루 몇 번 미소 짓느냐가
> 그것의 유일한 척도다.
> _스티브 워즈니악

약 20년 전 TV에 '쟁반노래방'이란 프로그램이 방영된 적이 있다. '학교 가는 길의 백미'란 수식어가 붙어 출연자들은 모두 추억 속의 교복을 입고 나왔다. 학창시절 배운 동요나 가곡, 민요 등을 한 소절씩 따라 부르다 가사나 박자가 틀린 사람에겐 머리 위로 꽝 소리 나게 쟁반을 떨어뜨리도록 구성했다.

이름깨나 있는 출연자들의 실수 모습을 보고 대리만족을 느끼게 했으니 꽤나 인기가 있었다. 나도 열혈 시청자였다. 그런데 정작 내가 좋아했던 이유는 당시 MC를 맡은 신동엽과 이효리의 소탈한 유머와 웃음이었다. 자신들이나 게스트 출연자들의 사소한 실수에 연방 개그 치는 모습이 시청자들을 박장대소하게 만들었다.

이런 프로그램을 시청하고 나면 세상 사람들 모두 나와 함께 웃고 즐긴다는 생각이 든다. 이런저런 걱정거리, 그동안 쌓인 스트레스가 한꺼번에 사라지는 느낌이 든다. 얼굴 찡그리고, 고함지르며 싸우고, 청승맞게 울어대는 모습의 프로그램과 애써 거리를 둬야 하는 이유 아닌가 싶다. 웃음과 울음은 전염되기 때문이다.

그렇다. 웃음은 우울이나 불안, 절망, 피로 따위를 퇴치하는 마법을 갖고 있다. 영화배우 찰리 채플린은 "웃음은 강장제요 안정제요 진통제"라고 했다. 아니 만병통치약인지도 모른다. 웃음의 의학적 효능은 충분히 입증되어 있다. 혈압과 혈당을 떨어뜨리며, 면역력을 키우고, 스트레스를 완화한다. 소화 및 심폐 기능을 강화하고 근육운동 효과까지 거둘 수 있다고 한다. 이런 명약을 돈 한 푼 들이지 않고 먹을 수 있으니 한마디로 공짜 보약이라 하지 않을 수 없다.

그런데 웃음은 기쁘고 즐거울 때 나오는 것이지만 의식적으로 웃고 떠들다 보면 기쁘고 즐거워진다는 사실이 중요하다. 웃음도 연습하고 노력해야 한다는 얘기다. 서영은의 노래 '웃어요'의 가사 일부다.

"세상 사람들은 언제나 삶은 힘들다고 하지만 항상 힘든 것은 아니죠. 가끔 좋은 일도 있잖아요. 웃어요. 웃어봐요. 모든 일 잊고서 웃어요. 웃어봐요. 좋은 게 좋은 거죠."

구분하기 애매한 측면이 없지 않지만 웃음이 자기 자신을 위한 것이라면 미소는 남을 위한 배려다. 그래서 미소는 원만한 인간관계를 형성하는 데 최고의 무기가 될 수 있다. 작가 윌리엄 아서 워드는 "따뜻한 미소는 친절을 표현하는 세계 공용어"라고 했다.

그러니 사업이나 장사를 하는 데 미소는 필수다. 미소는 상대방에게 무언가 베풀 마음을 갖고 있다는 의사 표시다. 모든 사람의 마음을 열 수 있는 열쇠라 할 수 있다. 식당 같은 가게를 운영하면서 미소 짓지 않는 것은 어리석은 일이 아닐 수 없다.

대만 기업가이자 작가 임창생은 저서 〈마음껏 행복하라〉에서 일상생활 속의 미소 실천법을 구체적으로 제시했다. 누구나 따라 해볼 만하다.

"자전거를 타고 가면서 미소 지어보라. 산책하거나 산에 올라 잠시 앉아 쉴 때에도 미소를 지어보는 것이다. 또 노래를 부르거나 샤워를 끝내고 기분이 상쾌할 때에도 미소를 짓자. 자리에 누워 잠을 청하거나 식사 전 감사 기도를 드릴 때, 또 기진맥진하여 휴식이 필요할 때에도 마찬가지다. 화장실에서 볼일을 보고 난 후에도 잊지 않고 미소를 지어본다. 혼자 앉아 있을 때에도 웃을 수 있다면, 그저 멍하게 앉아 있는 것이 아니라 깨어 있는 셈이다."

55
유머 있는 사람만 천국 간다
• 멋진 유머는 머리 아닌 마음에서 나와. 진정성과 사랑 담아야 •

유머에 관한 명언

유머 감각이 없는 사람은 스프링 없는 마차와 같다.
길 위의 모든 돌멩이에 부딪힐 때마다 삐걱거린다.
_헨리 워드 비처

나에게 유머를 즐길 수 있는 센스가 없었다면
자살하고 말았을 것이다.
_마하트마 간디

주위 사람을 웃길 수 있는 사람만
천국에 갈 자격이 있다.
_코란

유머 1 영국 수상 윈스턴 처칠이 퇴임 후 어떤 모임에 갔다 겪은 일이다. 화장실에 다녀오던 그에게 한 여인이 말했다. "바지 지퍼가 열려 있네요." 처칠은 빙그레 웃으며 대답했다. "걱정 마세요. 죽은 새는 결코 새장 밖으로 나올 수 없으니까요."

유머 2 미국 대통령 링컨은 못생겼다는 지적을 많이 받았다. 대선 유세에서 상대 후보가 "당신은 두 얼굴을 가진 이중인격자야"라고 공격했다. 이에 링컨은 "내가 정말 두 얼굴을 가졌다면 이 중요한 자리에 왜 하필 못생긴 이 얼굴을 갖고 나왔겠느냐"고 응수했다.

유머 3 밀림의 성자 알버트 슈바이처 박사가 모금을 위해 고향에 들렀다. 그가 1등 칸도, 2등 칸도 아닌 최하급 3등 칸에서 내리자 마중 나온 사람들이 "굳이 왜 3등 칸에 탔느냐"고 물었다. 슈바이처가 웃으면서 대답했다. "이 열차에는 4등 칸이 없더군요."

재미있는 유머 사례다. 이들 유명인에게 유머는 자연스러운 언어 활동이다. 지도자에게 유머는 중요한 필요 자질이다. 특히 유권자를 직접 상대해야 하는 민주국가 정치 지도자에게 유머는 필수 덕목이라 할 수 있다. 우리나라 정치권에서도 유머 감각의 중요성이 갈수록 커지고 있다.

어떤 조직의 지도자, 혹은 리더에게 유머가 중요한 이유는 위기나 시련이 닥쳤을 때 재치 있고 재미있는 표현을 사용함으로써 분위기를 일시에 반전시킬 수 있기 때문이다. "유머는 문제 상황에서 활용할 수 있는 대처 방법 중 최고 수준의 방책이다."

지그문트 프로이트의 말이다.

유머는 리더에게만 필요한 게 아니다. 우리네 보통 사람들이 일상에서 행복한 삶을 누리는 데도 필요한 보편적 언어 기술이다. 주변을 살펴보면 크고 작은 모임에서 눈에 띄게 유머를 잘 구사하는 사람이 있다. 그런 사람에겐 당연히 호감이 간다. 그런 사람은 스스로 행복감을 느끼며 살 수 있을 뿐만 아니라 남들까지 행복하게 해준다.

유머는 경청을 부른다. 자신에게 시선을 집중시킬 수 있는 유용한 재능이다. 자신의 존재감을 키울 수 있는 절호의 기회가 된다. 이런 능력 없는 사람에겐 부럽기 짝이 없는 일이다.

그런데 이런 유머 감각이 마치 타고난 재능인 것처럼 보이지만 사실은 애써 노력하면 어느 정도 배울 수 있는 삶의 기술이다. 물론 천성적으로 말재주가 좋고, 언어적 순발력이 뛰어난 사람에게 유리하겠지만 지레 포기할 필요는 없다.

유머는 타이밍이 생명이다. 말 연습을 아무리 해도 현장의 분위기를 빠르게, 그리고 정확하게 읽지 못하면 재치 있는 멘트가 나오지 않는다. 대중 연설회뿐만 아니라 불과 서너 명 모인 식사 자리도 마찬가지다.

"진정한 유머는 머리에서 나오는 것이 아니라 마음에서 나온다"는 토머스 칼라일의 말은 매우 중요하다. 자신과 주변 사람들에게 선한 영향력을 미치는 멋진 유머란 결코 '말장난'일 수 없다. 진정성과 사랑이 담긴 유머라야 울림이 크다.

  유머는 품격을 갖춰야 한다. 웃긴다고 다 유머가 아니다. 억지로, 저급하게 웃음을 유도하는 것은 듣는 사람들을 피곤하게 한다. 물론 가족이나 절친한 사이에선 '마구잡이 개그'도 분위기를 업시킬 수 있기에 나쁘지 않다. 하지만 최소한의 예의를 지켜야 하는 자리에선 한마디 한마디에 신중을 기할 필요가 있다.

  성인지 감수성이 높아진 요즘엔 더더욱 조심할 일이다. 불과 20여 년 전만 해도 정치인들이 유권자들에게 식사 대접하는 자리에서 유머랍시고 이런 발언을 즐겨 했다. "여자 치마와 식사 전 연설은 짧은 게 좋다지요. 그러니 인사말 간단하게 한마디만 하겠습니다." 큰일 날 말이다.

56

외모지상주의 탈출법

• 다른 사람들의 비교나 평가는 거들떠보지도 말라 •

외모에 관한 명언

> 외모가 수려한 사람은 어떠한 논란도
> 잠재울 수 있다.
> _아리스토텔레스
>
> 못생김은 작은 흠마저 커 보이게 하지만
> 아름다움은 상처마저 감출 수 있다.
> _윌리엄 셰익스피어
>
> 꾸미는 마음을 잠재우면 곧
> 마음속에 달이 뜨고 맑은 바람이 분다.
> _채근담

인터넷 공간에서 자신의 외모를 비관하는 여고생의 글을 접한 적이 있다. 대략 이런 내용인 것으로 기억된다.

"못생긴 고등학교 1학년입니다. 학교 복도에서 남학생들이 저를 놀리는 말을 해대니 미칠 지경입니다. 내가 지나가는데 남학생 서너 명이 '쟤 진짜 예쁘지 않냐? 특히 눈과 코가 멋져'

고 얘기하는 소릴 들었습니다. 100% 비아냥하는 말이거든요. 저는 다리가 짧은데다 뚱뚱하기도 하답니다. 남녀공학 대학에 진학하고 싶은데 지금으로선 여대를 선택할 수밖에 없겠다는 생각이 듭니다. 성형수술은 돈이 아무리 들어도 수능 끝나면 곧바로 할 계획입니다. 그런데 앞으로 2년이 걱정입니다. 말을 하든 안 하든 친구들이 저의 외모를 무시한다는 생각에 잠이 오질 않습니다. 요즘엔 공부한들 무슨 소용이 있겠나 하는 생각도 듭니다."

많은 사람이 위로, 격려하는 댓글을 달아줬다. 나도 짠한 마음에 격려한답시고 한 마디 남겼다. "외모가 출중하면 살아가는 데 도움이 조금 되는 건 사실입니다. 그러나 못생겼다고 해서 반드시 인생살이가 힘든 것은 아닙니다. 요즘은 성형술이 워낙 발달해서 몇 군데 시술하면 크게 좋아질 것입니다. 그러니 지금은 오직 학업에만 전념하세요. 남녀공학 대학 진학하더라도 아무 문제 없습니다. 그리고 남 시선 의식하지 말고 자기 자신을 소중히 여기며 사랑하는 연습 많이 하세요."

안타까운 일이다. 외모지상주의 대한민국에 살다 보니 이런 걱정하는 청소년까지 나오는 것이다. 비슷한 걱정을 하는 청소년이 참 많겠다는 생각이 든다. 대중 매체들이 온 국민에게 외모 경쟁을 시키고 있으니 당연한 일인지도 모르겠다. '성형민국'이란 신조어까지 생겨났으니 우리의 외모 중시 풍조가 유별

나다 하지 않을 수 없다.

외모가 세상을 살아가는 데 중요한 건 사실이다. 아리스토텔레스의 말도, 셰익스피어의 표현도 일리가 있다. 아름다움은 눈에 보이지 않는 권력이라 할 수 있다. 외모가 훌륭한 사람을 보면 왠지 신뢰가 간다. 교양 있어 보이고 돈도 많아 보인다. 얼굴이 첫 명함이라 했으니 누가 중요하지 않다고 하겠는가.

하지만 외모는 타고난 것이어서 가꾸는 데 한계가 있다. 소문난 곳에서 성형수술을 한들 못생긴 사람을 수려하게 만들기는 쉽지 않다. 더구나 작은 키를 키우는 것은 거의 불가능에 가깝다. 성형외과 전전하다 얼굴 망치기 일쑤다.

그러니 외모에 너무 집착해선 안 된다. 최선을 다해 가꾸긴 하되 인격과 지성을 기르는 데 시간과 돈을 더 많이 투자하는 것이 좋겠다. "너그럽고 상냥한 태도, 그리고 무엇보다 사랑을 지닌 마음. 이것이 사람의 외모를 아름답게 하는 힘은 말할 수 없이 크다." 철학자 블레즈 파스칼의 가르침이다.

더 중요한 것은 세상이 정의하고 규정하는 미의 기준에 휘둘려 스스로 위축되지 않는 마음 자세다. 외모를 남과 비교하면 자신감, 자존감을 갖기 어렵다. 미국 심리학자이자 자기계발 전문가 웨인 다이어의 조언에 귀 기울여보자.

"자신의 신체를 좋아하겠다고 결심하고 자신의 신체가 자신에게 소중하고 매력적이라고 스스로에게 선언하라. 그렇게 함으로써 다른 사람들의 비교나 평가는 거들떠보지도 말라. 내가 좋아하는 것은 내가 결정한다. 자신을 못마땅하게 생각했던 태도는 이제 과거지사로 묻어버려라." _오현정 옮김 '행복한 이기주의자'

57

시와 음악을 좋아했던 공자

• 문학과 예술은 품격의 필수 요건. 감상을 넘어 창작에 도전해보자 •

예술에 관한 명언

인생은 짧고 예술은 길다.
기회는 달아나고 실험은 불확실하고
판단은 어렵다.
_히포크라테스

음악은 야만인의 가슴을 쓰다듬고,
돌을 무르게 하며, 마디가 있는 나무를
휘게 하는 매력을 지녔다.
_윌리엄 콩그리브

미술은 본질적으로
나약한 인간상을 보완해 주고
보다 숭고한 가치를 향한
열망을 되살려준다.
_알랭 드 보통

공자를 생각하면 아주 고리타분한 사람이란 느낌이 든다. 무려 2500년 전에 살다간 위대한 윤리 철학자였으니 현대인의 정서에 맞지 않을 것이란 선입견 때문일 것이다. 하지만 그는 시인이자 음악가였다. 시와 음악을 마음껏 즐기며 살았으니 현대적 기준으로 보더라도 최고 멋쟁이 아닐까 싶다.

공자는 춘추시대 시가를 한데 모아 시경詩經을 직접 편찬했으며, 아들과 제자들에게 시 공부의 중요성을 특별히 강조했다. "얘들아 너희는 왜 시를 공부하지 않느냐. 시는 감흥을 불러일으킬 수 있고 관찰력을 키우며, 사람들과 잘 어울릴 수 있고 원망을 하더라도 사리에 어긋나지 않을 수 있게 한다." 논어에 나오는 말이다.

또 공자는 평소 노래를 즐겨 불렀으며 악기도 곧잘 연주했다. 언젠가 전통 음악에 속하는 소韶를 접하고는 너무 감동한 나머지 3개월 동안 음식 맛을 잃었다고 전해진다.

공자는 "시와 예와 음악은 군자를 이루는 힘"이라고 했다. 범위를 조금 넓히면 시는 문학이고, 음악은 예술 아닐까 싶다. 문학과 예술을 모르고는 군자, 즉 완성된 인격자가 될 수 없다는 뜻이겠다. 당시엔 공부의 최종 목표가 군자였다.

그런데 21세기 우리네 현실은 어떤가. 입시에, 취업에, 직장 일에 파묻혀 젊은 시절엔 문학과 예술을 제대로 즐기지 못한 채 살아간다. 여간 안타까운 일이 아니다. 특히 중고등학교 청소년 시절에는 현실적으로 이를 접하기 어려운 구조다.

문학과 예술이야말로 교양과 인격을 연마하는 최고의 공부임에도 이를 외면한 채 입시 준비에 찌들어 산다. 시, 소설, 희곡, 연극, 음악, 미술, 서예, 조각…. 이를 즐기는 게 아니라 입시에 도움되는 범위와 수준을 익히는 데 그친다. 공자가 환생이라도 하면 "무슨 교육을 이따위로 시키느냐"라고 호통칠 것 같다.

그렇다. 문학과 예술은 당장 입시나 돈벌이에 큰 도움이 되지 않는다 할지라도 인생을 즐기고 품격 있는 사람이 되는 데 필수이므로 너나없이 각별하게 비중을 둬야 한다. 문학과 예술을 자연스럽게 즐길 수 있도록 학부모, 아니 교육 당국이 제도적으로 뒷받침해줬으면 좋겠다.

시는 사람의 생각을 음악적 운율로 표현하는 언어 조합이다. 시를 통해 우리는 마음속 깊은 곳에 자리 잡은 온갖 감정을 다른 사람들과 공유할 수 있다. 소설을 읽거나 쓰면 타인에 대한 공감 능력이 생기며 다른 사람의 사고방식을 받아들이는 능력을 키울 수 있다.

소설가 황순원은 "시는 젊었을 때 쓰고, 산문은 나이 들어 쓰는 것이다. 시는 고뇌를, 산문은 인생을 담고 있기 때문"이라고 했다. 읽는 것도 마찬가지란 생각이 든다. 그렇다고 두 가지를 굳이 나이로 구분할 필요까지 있을까 싶다. 나는 지금 두 가지를 열심히 읽고 있지만 언젠가 두 가지 모두 공들여 써볼 생각이다.

음악과 미술로 대표되는 예술은 교양의 씨를 뿌리고 인격의 꽃을 피우게 한다. 단순히 감상하는 것도 좋지만 열정을 갖고 창작에 참여해 보는 것은 어떨까. 나를 위하든, 남을 위하든 아름다움을 창조하고 표현하는 활동보다 더 고귀하고 멋있는 일이 어디에 있겠는가.

예술을 좋아하는 사람은 순수하기에 더더욱 좋다. "어린이는 모두 화가다. 화가란 커서도 그 어린이의 마음을 잃지 않는 사람이다." 파블로 피카소의 말이다.

CHAPTER 5

나만의
행복을 찾아라

58

행복은 지금 바로 여기에 있다
• 과거는 이미 버려진 것, 미래는 아직 도래하지 않은 것 •

행복에 관한 명언

> 대부분의 사람은
> 자신이 마음먹는 만큼만 행복하다.
> _에이브러햄 링컨

> 너는 왜 자꾸 멀리 가려고 하느냐.
> 보아라 좋은 것은 가까이 있다.
> 다만 네가 볼 줄만 안다면
> 행복은 언제나 여기에 있다.
> _요한 볼프강 폰 괴테

> 인생에서 행복은 딱 한 가지다.
> 사랑하고 사랑받는 것이다.
> _조르주 상드

철학자 블레즈 파스칼은 "인간은 예외 없이 행복을 추구한다"라고 했고, 정신분석학자 지그문트 프로이트는 "인생의 목표는 행복 추구"라고 했다. 이런 말들은 결코 틀리지 않을 것이다. 동서고금의 수많은 사상가와 철학자들이 경쟁적으로 행복에 대해 파고든 이유 아닐까 싶다.

행복이란 무엇인가, 어떻게 하면 행복해질 수 있을까. 우리네 보통 사람들도 끊임없이 이렇게 묻고 답하며 살아간다. 하지만 제대로 답을 찾지 못했다고 하소연하는 사람이 많다. 걱정할 필요 없다. 행복은 전적으로 개인적 영역의 문제여서 사실 정답이 있을 수 없다.

딱 떨어지는 정답은 없다 하더라도 대다수 사람이 인정하는 행복의 조건, 혹은 비결이 몇 가지 있긴 하다. 우선은 가진 것이 좀 풍부해야겠다. 수도자처럼 가진 것 하나 없어도 행복을 누리는 사람도 가끔 있지만 보통 사람들은 배가 좀 불러야 행복감을 느낀다. 대표적인 것이 돈과 권력, 그리고 명예다.

이런 것을 어느 정도 갖추면 아무래도 삶이 자유롭고 일상에 여유가 생긴다. 남으로부터 인정을 받아 자기 자신을 사랑할 수도 있다. 하지만 가진 것 많다고 반드시 행복한 것은 아니다.

"행복에 이르는 두 가지 길이 있다. 욕망을 줄이거나 소유물을 늘리면 된다." 벤저민 프랭클린의 말이다. 소유물을 늘리는 데는 한계가 있기에 욕심을 줄이는 수밖에 없다. 남과 비교하는 습관을 버려야 가능한 일이다. 알베르 카뮈의 가르침이 바로 그것이다. "행복하려면 남들에 대해 지나친 관심을 갖는 것은 금물이다."

이와 관련해, 서울대 심리학과 최인철 교수는 행복幸福이란 낱말의 정의가 애매모호하다며 쾌족快足으로 바꿔야 한다고 주장한다. 고개가 끄덕여진다. 행복이란 한자어는 19세기 말 일본 사람들이 영어 'Happiness'를 번역한 것으로 '우연히 찾아오는 좋은 일과 살면서 누릴 수 있는 좋은 일'을 뜻한다. 행복에는 만족의 개념이 빠져 있다. 쾌족은 '지금 기분이 유쾌하며 만족스럽다'는 뜻이다.

인간관계도 행복의 중요한 변인이다. 가진 것이 아무리 많아도, 그래서 만족감을 느끼더라도 주변 사람들과의 관계가 원만치 못하면 행복을 느끼기 어렵다. 부모와의 관계, 배우자와의 관계, 자녀와의 관계, 형제자매와의 관계, 직장 동료와의 관계, 친구와의 관계가 좋으면 행복하고 나쁘면 불행하다.

'Now & here'(지금 그리고 여기)도 중요한 요인이다. 행복은 과거나 미래에 있는 것이 아니라 지금 현재에 있으며, 저곳이 아니라 이곳에 있다는 것이다.

레프 톨스토이는 저서 〈세 가지 질문〉에서 인생에서 가장 중요한 세 가지를 이렇게 묘사했다. "기억하시오. 가장 중요한 때는 바로 지금 현재라는 사실 말이오. 가장 중요한 사람은 지금 당신과 함께하는 사람이오. 그리고 가장 중요한 일은 지금 함께하는 그 사람에게 선을 행하는 것이오."

석가의 가르침도 다르지 않다. "과거를 돌아보지 말라. 미래를 바라보지 말라. 과거는 이미 버려진 것, 미래는 아직 도래하지 않은 것이다. 다만 현재의 것을 관찰하고 실천하라." 행복은 바로 지금 우리 곁에 있다는 뜻이겠다.

행복 연구자들은 지적 활동, 기부 행위, 봉사 활동, 용서와 유머를 행복 결정 요인으로 많이 거론한다. 프랑스 여류 소설가 조르주 상드가 말하는 사랑이 바로 그것 아닐까 싶다.

59
내 운명의 주인은 바로 나다
• 운명은 얼마든지 극복 가능. 세상만사 모두 마음먹기 나름 •

운명에 관한 명언

나는 내 운명의 주인이고
내 영혼의 선장이다.
_윌리엄 헨리

인간을 지배하는 것은
운명이 아니라 자신의 마음이다.
_요한 볼프강 폰 괴테

자기 앞에 어떤 운명이 가로놓여 있는가를
생각하지 말고 앞으로 나아가라.
그리고 대담하게 자기 운명에 도전하라.
_오토 폰 비스마르크

행복을 이야기할 때 운명이 화제에 오르는 경우가 많다. 행복한 삶을 추구하는 과정에서 각자 타고난 운명이 어떤 작용을 하는지에 관한 문제다. "너는 성공할 수밖에 없는 사주팔자를 타고 났어." "나는 좋은 운이 아니어서 무슨 일을 해도 안 돼."

인생을 살면서 운명에 순응해야 하는가, 아니면 저항해야 하는가. 운명이란 게 있긴 한가. 각자의 성장 배경, 종교, 성격, 전공 등에 따라 다양한 의견이 표출된다. 철학관이나 타로 같은 점집을 자주 찾는 사람이 있는가 하면, 철저하게 무시하는 사람도 많다.

운명의 사전적 의미는 '인간을 포함한 모든 것을 지배하는 초인간적인 힘, 또는 그것에 의해 이미 정해져 있는 목숨이나 처지'를 말한다. 운명에 대한 관심은 중국 명리학의 영향인 듯 서양에 비해 동양이 더 많은 편이다. 명리학은 사주에 근거하여 사람의 길흉화복을 알아보는 학문이다.

솔직히 나는 명리학에 별 관심이 없다. 사서삼경 중 하나인 주역을 근거로 생겨난 학문이지만 특정인의 길흉화복이 사주, 즉 태어난 해, 월 일, 시에 의해 결정된다는 게 도저히 믿기지 않는다. 명리학 연구자들은 정교한 과학이라고 주장하지만 내게는 공허하게만 들린다. 그렇다고 막무가내 비판할 생각은 없다.

다만 주어진 운명에 순응해야 한다는 이유로 자신의 인생을 개척해 나가는 데 소극적으로 임하는 것은 절대 금물이라 말하고 싶다. 삶을 설계해서 막 건축을 시작한 젊은이들에겐 특히 그렇다. 다행히 우리보다 먼저 살다간 수많은 현인들이 운명의 주인은 바로 자기 자신이라며 극복하라고 용기를 주었다.

로마 철학자 세네카는 운명이 주어지기보다 만들어지는 것이라고 설파했다. "운명이란 외부에서 오는 것 같지만 알고 보면 자기 자신의 약한 마음, 게으른 마음, 성급한 버릇, 이런 것들이 결국 운명을 만든다. 어진 마음, 부지런한 습관, 남을 도와주는 마음, 이런 것들이야말로 좋은 운명을 여는 열쇠다. 운명은 용기 있는 사람 앞에서는 약하고 비겁한 사람 앞에서는 강하다."

운명의 출발점은 자신의 믿음이다. 운명으로부터 받은 것이 무엇이든 간에 그것을 소중히 여겨 갈고닦으면 더욱 빛날 것이란 믿음을 가질 때 비로소 운명은 자기 편이 되어 줄 것이다. 마하트마 간디의 말을 들어보자. "당신의 믿음은 생각이 되고 생각은 말이 되고 말은 행동이 되며 행동은 습관이 되고 습관은 가치가 되고 그 가치는 당신의 운명이 된다."

"타고난 사주는 바꿀 수 없지만 팔자는 얼마든지 바꿀 수 있다." 누구나 아는 우리 속담이다. 자신의 노력 여하에 따라 결국 운명도 바꿀 수 있다는 뜻 아닌가. 타고난 운명이 반드시 지속되지 않는다는 것은 명리학자들도 인정하고 있다.

운명이 바뀔 수 있고, 그 열쇠를 자기 자신이 갖고 있다면 무엇이 두려운가. 자신의 운명을 한탄하는 것은 운명에 굴복하는 일이다. 운명에 굴복할 필요도 없을뿐더러 저항할 필요도 없다. 오로지 슬기롭게 극복해야 한다는 것이 정답이다.

세상사 모든 게 마음먹기 나름 아닌가. 운명도 마찬가지다.

행복을 위해서는 이런 마음가짐이 참으로 중요하다. "삶의 질은 삶에서 얻는 것보다는 당신이 어떤 태도를 취하느냐에 더 크게 좌우된다. 어떤 일이 일어났는가보다는 당신의 마음이 그것을 어떻게 받아들이느냐에 더 크게 좌우된다." 칼릴 지브란의 통찰이다.

60
영혼이 자유로워야 행복하다
• 소유가 도를 넘으면 인간은 자신의 노예가 된다 •

자유에 관한 명언

> 적절한 소유는 인간을 자유롭게 한다.
> 그러나 도를 넘으면 소유가 주인이 되고
> 인간은 노예가 된다.
> _프리드리히 니체

> 사람은 이 세상에 아무렇게나 내던져진 존재다.
> 그가 어느 길을 가든 자유다.
> 그러나 그 선택에 책임을 져야 한다.
> _장 폴 사르트르

> 영혼이 자유롭지 못한 자는
> 보아도 볼 수 없고 들어도 듣지 못하며
> 먹어도 그 맛을 모른다.
> _레프 톨스토이

소설 〈그리스인 조르바〉로 유명한 그리스 작가 니코스 카잔차키스는 진정한 자유인이었다. 그가 살다간 74년 인생은 물처럼 바람처럼 자유로웠다. 그리스 크레타섬 출신인 카잔차키스는 평생 유럽 각국과 북아프리카, 중동, 시베리아 등지를 여행하며 방황과 고독을 즐겼다.

법학과 철학, 문학을 폭넓게 공부하는가 하면 집안 종교인 그리스정교를 넘어 불교에 심취하는 여유를 보였다. 그를 세계적 작가로 우뚝 서게 한 〈그리스인 조르바〉는 자기와 인생관이 흡사한 친구 알렉시스 조르바의 여행 편력을 모티브 삼아 쓴 작품이다.

그가 생전에 마련했던 묘비명에는 이렇게 쓰여있다. '나는 아무것도 바라지 않는다. 나는 아무것도 두려워하지 않는다. 나는 자유다.' 카잔차키스야말로 진정 영혼이 자유로운 사람 아니었을까 싶다. 참 행복했을 것이다.

의미 있고 행복한 삶을 영위하는 데 자유는 필수다. 자유란 외부의 힘에 구속되지 않고 자기 마음대로 할 수 있는 상태를 뜻한다. 정치적, 사회적 자유는 최소한의 기본적 인권에 속한다. 생존을 위해서는 물질적 자유 또한 반드시 필요하다. 철학자들이 말하는 실존적 자유든, 종교적 자유든 물질적 기초에서 완전히 벗어나긴 어렵다.

그런데 행복을 찾는 사람에게 이런 종류의 자유를 갖췄다고 해서 충분한 것은 아니다. 영혼의 자유, 즉 마음의 자유를 갖지 않으면 안 된다. 비록 몸은 구속되어도 영혼은 자유로울 수 있다. 영적 자유를 가져야 비로소 진정한 행복을 누릴 수 있다.

우리는 흔히 제멋대로 살거나 조직에 적응하지 못하는 사람을 영혼이 자유롭다고 평한다. 잘못된 표현이다. 영혼이 자유로운 삶이란 고정 관념이나 편견 없이 신뢰와 관용을 바탕으로 자연의 이치를 따르는 태도를 의미한다. 자신은 물론 공동체의 행복을 위해서도 필요한 자세라 하겠다.

영적 자유를 누리려면 무엇보다 많이 소유하려는 욕심을 버려야 한다. 명예와 권력은 말할 것도 없고 돈에도 어느 정도 초연할 수 있어야 한다. 철학자 니체의 지적이 아니더라도 누구나 적정 이상을 소유하려 들면 행복은 저 멀리 달아나버린다.

"마음이 급할 때는 무엇을 하면 가장 좋을까. 답은 아무것도 하지 말라는 것이다. 진정으로 자유롭고 싶다면 욕망을 꺾어라.(레프 톨스토이) "우리가 무엇인가 갖는다는 것은 한편으로 소유를 당하는 것이며, 그만큼 부자유해지는 것이다."(법정) "자유는 잃어버릴 게 아무것도 없는 상태를 가리킨다. 나는 이제 대통령 시절보다 더 솔직하고 자유롭게 말할 수 있다."(지미 카터)

일본의 저명한 경영컨설턴트 후나이 유키오도 행복을 위한 영적 자유의 중요성을 각별히 강조했다. 그는 저서 〈준비된 습관〉에서 '마음의 자유를 얻는 7가지 방법'을 다음과 같이 제시했다. 고집을 버려라. 자기 자신을 믿어라. 너그러움을 보여라. 고정 관념에서 벗어나라. 자연의 이치를 따르라. (나만이 아니라) 세상을 위한 자유를 구가하라. 자유를 소중히 여겨라.

이 정도 노력이면 일정 수준의 영적 자유를 만끽할 수 있겠지만 칼릴 지브란은 한 차원 더 높은 경지를 주문한다. "여러분이 진정으로 자유로워지는 것은 낮에도 근심이 없고 밤에도 아쉬움이나 슬픔이 없을 때가 아니라, 이런 것들이 삶을 옭아매도 훌훌 벗고 얽매이지 않은 채 이를 딛고 올라설 때이다." 자유의 지속성과 견고함을 겨냥한 말이라 생각된다.

61
명예를 잃으면 모두 잃는 것이다
• 부질없다지만 성공의 세 요건 중 돈이나 권력보다 가치 커 •

명예에 관한 명언

이름은 큰 재산보다 값지고,
명성은 은보다 금보다 낫다.
_성경

명예를 얻는 길은 정도正道를
행하는 데 있다.
_프랜시스 베이컨

명예는 물 위의 파문과 같으니,
결국은 무無로 끝난다.
_윌리엄 셰익스피어

청년들에게 출세의 중요 세 가지 요건을 꼽으라면 명예, 돈, 권력으로 수렴되지 않을까 싶다. 성공과 행복을 위해 필요한 핵심 요소라 생각해서일 것이다. 이 세 가지는 모든 사람이 추구하는 것이어서 그만큼 경쟁이 치열하다. 셋 다 갖고 싶겠지만 현실적으론 자기 능력에 한계를 느껴 한 가지, 혹은 두 가지에 집중하는 사람이 많다.

　문제는 욕심이다. 셋 중 한 가지를 갖게 되면 다른 두 가지는 크게 힘들이지 않고도 얻을 수 있기에 기를 쓰고 모두 가지려는 경향이 있다. 그러다 낭패당하는 사람을 우리는 자주 본다.

　김대중 대통령은 취임 초기 중앙부처 고위 공무원들이 한데 모인 자리에서 이런 말을 했다. "여러분은 벌써 출세한 사람들입니다. 고등고시에 합격했거나 정부 주요 보직을 맡아 명예와 권력을 한 몸에 지니고 있습니다. 거기다 돈까지 갖겠다고 나서면 사고 날 가능성이 있습니다. 부디 여러분의 명예에 누가 되지 않도록 청렴한 공직자가 되십시오." 현실을 정확히 꿰뚫어본 말이다.

　인간에겐 인정 욕구라는 게 있다. 남들에게서 훌륭하다고 칭송받고 싶은 마음 말이다. 너 나 할 것 없이 명예를 중시하는 이유다. 명예란 '세상에서 훌륭하다고 인정되는 이름이나 자랑, 또는 그런 존엄이나 품위'를 말한다. 사회적, 도덕적으로 두루 인정받아 스스로 자부심을 느낄 수 있는 공적이나 성과라고도 할 수 있겠다.

　명예는 동서고금을 막론하고 출세의 최고 요건으로 여겨진다. 가치에 있어 돈이나 권력에 앞서는 게 거의 확실하다. 돈이나 권력이 아무리 많다 한들 명예를 잃으면 모든 것을 잃는 것으로 간주된다. 그래서 우리는 명예라는 낱말을 즐겨 사용하는가 보다. 명예회장, 명예교수, 명예박사, 명예회원, 명예시민….

명예를 구하려면 두 가지 조건이 필요하다. 명성과 자랑거리가 그것이다. 명성이란 이름값이다. 사람이 살며 이름값을 못하면 헛수고한 것이나 다름없다. 호랑이는 죽어 가죽을 남기고 사람은 죽어 이름을 남긴다는 속담이 이를 말해준다.

단지 명성이 높다고 해서 명예로운 것은 아니다. 사회적으로 훌륭하다고 인정되는 자랑스러운 태도나 행동이 필요하다. 명성이 다소 낮더라도 자랑스러운 행동에 힘입어 한순간에 명예를 얻는 사람도 있다.

명예를 얻고자 할 때 정도(正道)를 걷는 것이 중요하다. 옳은 길을 걷지 않고 명예를 얻기가 쉽지 않을뿐더러 설령 얻었다 해도 사상누각이 될 가능성이 있다. 현인들은 입을 모아 이 점을 강조한다.

"명예는 밖으로 나타난 양심이며 양심은 안에 깃든 명예다."(아르투어 쇼펜하우어) "부귀와 명예는 그것을 어떻게 얻느냐가 중요하다. 도덕에 근거를 두고 얻은 부귀와 명예라면 산골에 피는 꽃과 같다."(나폴레옹 1세) "사기 쳐서 성공하기보다는 명예롭게 실패하라."(소포클레스)

명예는 얻기도 어렵지만 지키기는 더 힘들고 어렵다. 프랑수아 볼테르는 "너무나 유명해진 이름은 얼마나 무거운 짐이 되는지 모른다"라고 했으며, 헤라클레이토스는 "명예는 신도 인간도 모두 노예로 만든다"라고 했다. 또 퇴계 이황은 "부귀는 흩어지는 연기와 같고 명예는 날아다니는 파리와 같다"라고 말했다.

하지만 명예는 돈이나 권력과 달리 설령 부질없다 해도 우리 모두 힘써 구하고 지켜야 할 소중한 가치다. 우리가 찾는 행복의 제1 원천이기 때문이다.

62
경제적 중류층, 정신적 상류층이 좋다
● 돈 버느라 인생의 소중한 가치 놓치면 불행. 만족이 지혜 ●

돈에 관한 명언

> 황금은 어리석은 자를 잘난 자로,
> 겁쟁이를 용기 있는 자로, 도적을 귀족으로,
> 그리고 창녀를 숙녀로 만든다.
> _윌리엄 셰익스피어
>
> 돈이 없는 것이 모든 악의 뿌리다.
> _조지 버나드 쇼
>
> 오! 돈, 독과 같이 무서운 돈,
> 영혼을 말려 죽이는 돈.
> 돈은 모든 잔인함과 비열함의 원인이며
> 무시무시한 악이다.
> _에밀 졸라

돈은 야누스의 두 얼굴을 가졌다. 철저하게 이중적이다. 돈은 자유이면서 구속이며, 천사이면서 악마다. 돈은 최고의 주인이자 최악의 하인이며, 행복을 주면서도 불행의 원인이 된다.

동서고금의 현인들이 돈에 대해 다들 한마디씩 하지만 그 방향과 색깔이 모두 다른 이유다. 우리네 보통 사람들도 돈을 보는 시각은 제각각이다. 두 얼굴이 아니라 천의 얼굴을 가졌는지도 모른다.

행복을 추구하는 과정에서 돈의 영향력이 크다는 데 동의하지 않는 사람은 없을 것이다. 행복과 돈이 무관하다는 사람도 간혹 있지만 착각이거나 위선일 가능성이 높다. 지금 당장 생존이 위태로울 정도로 가난하거나 그런 가난을 경험한 사람은 절대 그런 말을 하지 않는다.

돈은 행복한 삶을 사는 데 거의 필수라 할 수 있다. 돈이 있고 없는 데 따른 삶의 질적 차이는 자못 크다. 돈이 풍족하면 넓고 쾌적한 집에 살면서 건강에 좋은 음식을 즐길 수 있다. 안전한 고급 승용차를 탈 수 있고, 기분 전환을 위해 자주 여행을 다닐 수 있다. 또 자녀들에게 양질의 교육을 시킬 수 있고, 마음 편하게 효도할 수도 있다. 돈이 부족하면 이 모든 게 어려워진다. 너나 할 것 없이 돈벌이에 혈안인 이유 아닐까 싶다.

그러나 돈, 혹은 부富의 부작용, 악의 영향이 만만찮은 것도 사실이다. 돈은 만인을 늑대로 만든다. 돈 때문에 부모자녀 간, 형제자매간에 갈등이 생기고 급기야 살인극까지 벌이는 모습을 종종 보게 된다. 우리나라 재벌 중에 형제 갈등이 없는 경우는 거의 없다. 돈이 가정 파탄의 주범이라 하지 않을 수 없다.

범죄의 대부분은 돈과 연관되어 있다.

돈의 이런 이중성을 감안하면 적절한 수준의 부가 참 중요하겠다는 생각이 든다. 소득이나 부가 일정 수준 이상이면 그 증가가 더 이상 행복에 영향을 미치지 않는다는 연구가 있다. 경제학의 '이스털린의 역설'과 심리학의 '쾌락의 쳇바퀴' 이론이 그것이다. 적절한 수준, 일정 수준이 어느 정도인지는 사람마다 다르겠지만 두 철학자의 생각이 좋은 지침이 될 듯하다.

"뽐내기 위해 부당하게 부를 모으지는 마라. 정당하게 부를 모으고 올바르게 쓸 수 있고 유쾌하게 사람들에게 베풀 수 있고 만족한 마음으로 남길 수 있을 정도의 부만 취하라."(프랜시스 베이컨)

"재산은 자기의 인격 수준만큼 가지는 것이 좋다. 분에 넘치는 재산은 감당할 수 없는 짐이 되어 인격이 손상되고 고통과 불행을 초래한다. 살아보니 경제적으론 중류층, 정신적으론 상류층으로 사는 사람들이 행복해 하더라."(김형석)

중류층이라도 되려면 열심히 돈을 벌어야 한다. 열심히 돈 벌어 부자 되는 것은 결코 부끄러운 일이 아니다. 부자를 목표로 사는 것이 삶의 원동력이 될 수도 있다. 평생 인仁과 예禮를 가르친 공자도 "부를 구할 수 있다면 나 또한 마부 노릇을 해서라도 구할 것"이라고 했다. 더구나 자기가 좋아하는 일, 잘 하는 일에 열중해서 돈까지 벌 수 있다면 큰 행복이다.

중요한 것은 돈, 그리고 돈벌이의 노예가 되지 말자는 것이다. 돈벌이에 매몰돼 자기 삶의 진정한 목표와 일상의 소중한 가치를 놓치는 것은 불행이다. 남들보다 수입이 적다고, 수중에 원하는 만큼 돈이 없다고 괴로워하면 평생 행복해지기 어렵다. 돈에 관한 한 만족할 줄 아는 것이 곧 지혜다.

63
권력보다 권위를 가져야 행복하다
• 공감능력 발휘해야 감동. 가족 간에게도 권력 아닌 권위 필요 •

권력에 관한 명언

> 권력은 불과 같다. 너무 멀리하면 춥고,
> 너무 가까이하면 화상을 입는다.
> _레프 톨스토이

> 몸과 마음은 도가 높아질수록 편안해지고
> 권세가 높아질수록 위태로워진다.
> _사마천

> 권력자는 바보들의 존경을 받고,
> 부자나 어린애들에겐 감탄의 대상이 될지 모르나
> 현자들에겐 모욕의 대상이 된다.
> _헨리 발나브스

인간의 욕망, 혹은 욕심 가운데 권력욕은 명예욕이나 금전욕에 비해 조금도 작지 않다. 출세와 행복의 필수 요건으로 간주되기 때문이다. 공직이나 정치를 선호하는 사람들에게 특히 더하다. 정치권에는 '교도소 담장을 걷는' 위험에도 불구하고 각계 엘리트들이 부나비처럼 몰려든다.

　모든 권력은 크면 클수록 외롭고 힘들다. 왕정시대는 말할 것도 없고 현대 민주국가에서도 마찬가지다. 권력의 무상함은 보편적 진리에 속한다 해서 틀리지 않다. 우리나라 역대 대통령들의 불행은 불문가지다. 미국 대통령들도 퇴임 후 한결같이 허무함을 토로한다. 초대 대통령 조지 워싱턴은 "대통령이 되는 것은 교수대로 가는 사형수와 같은 느낌"이라 했고, 33대 해리 트루먼은 "백악관은 지옥 같은 흰색 감옥"이라 회고했다.

　그럼에도 불구하고 너 나 없이 권력을 추구하는 이유는 뭘까. 권력욕이 인간 본성이기 때문 아닐까 싶다. 남을 복종시키거나 지배할 수 있는 힘, 정당한 방법으로 획득한 공인된 힘을 갖는 건 절대 다수가 좋아한다. 권력을 탐하는 사람에게 그 반대는 굴종이니 말이다.

　권력은 정치에만 있는 게 아니다. 직장, 친구집단, 가정 등 사람이 모인 곳이면 어디든 권력 관계가 형성된다. 직장에서의 승진 경쟁과 가정에서의 TV 채널권 시비도 권력 다툼에 다름 아니다.

　철학자 버트런드 러셀은 어린 자녀에 대한 부모의 지나친 권력 행사를 대놓고 비판한다. "혼자서 밥을 먹을 수 있는 자녀에게 당신이 밥을 먹여준다고 하자. 당신은 그저 아이의 수고를 덜어주려고 한 행동이라고 생각하겠지만 사실은 아이의 행복보다

자신의 권력욕을 앞세우고 있는 것이다."_이순희 옮김 '행복의 정복'

권력이 본질적으로 강압적이며 약한 자를 구속하는 나쁜 속성을 갖고 있지만 일상에 엄연히 실재하기 때문에 누구나 관심 가질 필요가 있다. 아니 권력의 원리와 실체를 이해하고 활용할 줄 알아야 한다. 제법 업무 능력을 갖췄음에도 조직에서 실패하거나 힘들어하는 사람을 보면 권력관계에 적응하지 못하기 때문인 경우가 많다.

미국 작가 로버트 그린의 말을 들어보자. "권력을 잘 다루면 다룰수록 당신은 더 나은 친구, 더 나은 연인, 더 나은 남편, 더 나은 아내, 더 나은 인간이 될 수 있다. 권력의 게임이 불가피하다면 그것을 거부하거나 서투르게 다루는 것보다는 게임의 달인이 되는 것이 낫지 않겠는가."(안진환 이수경 옮김 '권력의 법칙')

그렇다. 자신의 권력을 직접 행사하든 남의 권력을 적절히 활용하든 정당한 방법으로 남에게 선하고 긍정적인 영향을 끼치는 것은 멋진 일이 아닐 수 없다. 여기서 중요한 것은 권력 행사 방법이 정당하다 해도 지속 가능성은 담보하기 어렵다는 점이다. '권력보다 권위'란 말이 나오는 이유다.

권위는 권력과 달리 자발성을 전제로 한다. 권력이 위에서 오고, 지위에서 비롯되며, 타율적 복종을 전제로 한다면 권위는 아래에서 오고, 능력에서 비롯되며, 자발적 참여의 모습을 띤다. 권력은 언제 사라질지도 모르는 사상누각일 수 있지만 권위는 존경과 사랑으로 다져지기에 지속성이 있다.

　권위 없는 권력은 허무하다. 언제 어떤 위치에 있든 권력자는 다른 사람들을 향해 공감 능력을 발휘할 줄 알아야 한다. 공감은 감동을 부른다. 그럴 때 권위가 생긴다. 가족 구성원 간에도 권력보다 권위가 행사되어야 한다.

64
남보다 자기를 먼저 사랑해야 하는 이유
• 자기 자신을 천하만큼 사랑하는 사람만 천하를 가질 수 있다 •

자기사랑에 관한 명언

> 자신에게 가장 훌륭한 스승은 자기 자신이다.
> 자신이야말로 자신을 가장 잘 알고 있고,
> 자신만큼 자신을 격려해주고
> 존중해주는 스승은 없다.
> _탈무드
>
> 인간은 다른 사람처럼 되고자 하기 때문에
> 자기 잠재력의 4분의 3을 상실한다.
> _아르투어 쇼펜하우어
>
> 젊은이를 타락으로 이끄는 가장 확실한 방법은
> 다르게 생각하는 사람 대신 같은 사고방식을
> 가진 이를 존경하도록 가르치는 것이다.
> _프리드리히 니체

'예의범절을 잘 지켜라, 위인전을 많이 읽어라, 이웃을 사랑하라.'

어린 시절 우리는 너나없이 이런 교육을 받고 자란다. 사회에 잘 적응해서 성공하고 행복해지려면 이렇게 가르쳐야 하고, 또 배워야 한다고 생각한다. 잘못된 교육일 리 없다. 그런데 중요한 게 하나 빠졌다. 자기사랑에 대한 교육이 없다는 것이다.

자기사랑이 남을 사랑하는 것보다 결코 덜 중요하지 않은데도 우리사회는 이에 무관심하거나 무시하는 경향이 있다. 마치 자기사랑은 이기적인 욕심의 표현이며, 훌륭한 사람이 되기 위해서는 먼저 이웃을 사랑해야 한다는 이분법적 사고에 빠져있지 않나 싶다.

나이 꽤 들어서야 뒤늦게 자기사랑의 중요성을 깨닫는 경우가 많다. 오로지 세상의 시선과 평가에 자기 인생을 맡겼다가 행복 찾기에 실패하거나 우울증 같은 정신질환을 앓으면서 깨닫는 경우도 있다. 안타까운 일이다.

누구나 진정한 행복을 얻고자 한다면 반드시 자기 자신을 사랑할 줄 알아야 한다. 자기사랑이란 자신이 자유로운 인격체임을 확인하고, 각자 소중하고 아름다운 사람임을 자각하는 것이다.

자기를 사랑하려면 우선 자기가 어떤 존재인지 발견하고자 노력해야 한다. 법정 스님의 가르침이다. "나는 누구인가. 스스로 물어라. 자신의 속 얼굴이 드러나 보일 때까지 묻고 또 물어야 한다. 건성으로 묻지 말고 목소리 속의 목소리로 귀속의 귀에 대고 간절하게 물어야 한다. 해답은 그 물음 속에 있다."

이런 시도를 어릴 때부터 해본다면 얼마나 좋을까. 나 역시 단 한 번도 진지하게 해 본 적이 없기에 후회스럽다. 딱 한 번 주어지는 인생을 살면서 진정으로 하고 싶은 일이 무엇인지, 어떤 삶을 살고 싶은지조차 모르면서 행복을 구한다는 게 우습지 않은가. "다른 사람의 마음은 잘 몰라도 불행하지는 않다. 하지만 자기 마음을 잘 모르면 불행하다." 로마 황제이자 철학자 마르쿠스 아우렐리우스의 말이다.

자기발견을 위해 노력하다 보면 조금씩 자기를 사랑하는 마음이 생긴다. 그것은 십중팔구 주체적인 삶을 추구해야 한다는 생각으로 나타난다. 내가 내 인생의 주인공임을 인식하는 것을 말한다. 실제로 우리 모두는 저마다 자기 인생의 주인공이다.

진정으로 자기를 사랑하려면 남을 지나치게 의식하지 않는 것이 무엇보다 중요하다. 남들이 나를 어떻게 생각할까 걱정하는 사람이 많지만 그런 남들은 생각보다 많지 않다. 다른 사람 눈치 보지 말고 솔직하게 생각하고 소신껏 말하고 당당하게 행동해야 자기를 사랑하게 된다.

세상의 평가 잣대로 좋아 보이는 것을 맹목적으로 따라 하지 않는 것도 중요하다. 어차피 나와 다른 누군가는 능력과 취향이 다 다르다. 그럼에도 친구가 조기유학 간다고 따라서 가고 친구가 고시 공부한다고 따라서 하는 사람, 어리석기 짝이 없는 자기 행복 포기자일 뿐이다. 굳이 크고 아름다운 꽃을 피우기보다 자기 색깔, 자기 향기가 있는 독특한 꽃을 피우는 게 좋다.

남과 비교하는 습관도 가급적 버려야 한다. 외모의 좋고 나쁨, 사회적 지위의 높고 낮음, 재산의 많고 적음 같은 것 비교하면 끝이 없다. 이런 것 비교하다 보면 어느새 자신의 정체성을 잃게 된다. 당연히 자기사랑하는 마음도 사라진다.

"우주의 모든 이치는 한 치의 오차도 없이 오직 한 사람, 바로 당신을 향해 있다." 미국 시인 월트 휘트만의 말이다.

65
삶은 단순할수록 아름답다
• 불필요한 것을 버리고 비워야 정말 필요한 것 취할 수 있어 •

단순함에 관한 명언

> 훌륭한 이들의 생활은 모두 단순하다.
> 그들은 쓸데없는 일에
> 마음 쓸 겨를이 없기 때문이다.
> _레프 톨스토이
>
> 인생은 본시 단순한 것이다.
> 그런데 사람들은 인생을
> 자꾸 복잡하게 만들려고 한다.
> _공자
>
> 버리고 비우는 일은 결코 소극적인 삶이 아니라
> 지혜로운 삶의 선택이다. 버리고 비우지 않고는
> 새것이 들어설 수 없다
> _법정

요즘 서점에 가면 미니멀리즘을 주제로 한 책이 자주 눈에 띈다. '나는 단순하게 살기로 했다, 나는 인생에서 중요한 것만 남기기로 했다'와 같은 제목을 달고 있다. 진정한 행복을 위해서는 단순하고 간결한 삶을 추구해야 한다는 게 저자들의 한결같은 주장이다.

"단순한 사람은 과시할 것도, 부끄러워할 것도 없이 산다. 단순함은 아무것도 첨가되지 않은 삶 그 자체다. 단순함은 자유요 유쾌함이요 투명함이다. 공기처럼 상쾌하며 공기처럼 자유롭다."(앙드레 스퐁빌) "단순한 사람에게는 세상이 그의 왕국이요, 현재가 영원이다. 남에게 어떻게 보일지 마음을 쓰지 않기 때문에 거리낌이 없다. 단순함은 현자들의 미덕이요, 성인들의 지혜다."(마티유 리카르)

단순한 삶이라고 해서 이 같은 철학자나 수도자의 청빈한 생활만을 의미하는 것은 아니다. 치열한 경쟁, 복잡한 인간관계, 정보의 홍수, 물질 만능주의에서 비롯된 불편함과 비효율, 불행에서 해방되고 싶은 욕구를 담고 있다.

단순하게 산다는 것은 정말 소중한 것을 챙기기 위해 상대적으로 덜 소중한 것을 덜어내는 것을 의미한다. 누구나 시간과 에너지, 능력은 한계가 있기에 불필요한 것을 버리지 않고서는 필요한 것을 취하기 어려운 것이 현실이다.

취업 준비생의 예를 들어보자. 진로에 다방면으로 가능성이 크게 열려 있다. 하지만 주어진 시간과 능력엔 한계가 있다. 그럼에도 남들이 준비한다고 이것저것 모두 욕심내는 것은 위험한 노릇이다. 선택과 집중이 불가피하다. 그래야 성공 가능성이 높아진다. 이것이 바로 단순한 삶의 효능이다.

쇼핑과 집안 정리를 생각해보자. 어떤 여성이 경제적 여유가 있어 백화점 쇼핑을 유달리 즐긴다고 하자. 계절마다 명품 가방과 보석을 사고, 신상품 옷을 구입하면 화장대와 장롱은 금방 넘쳐날 것이다. 집이 깔끔하게 정리될 리 만무하다. 이런 행동이 계속되면 아파트 평수를 아무리 늘려도 소용없다. 필요 없는 물건은 이웃에 나눠주든가 버리고, 쇼핑을 자제하는 수밖에 없다.

인간관계도 마찬가지다. 온갖 인연으로 만난 수많은 사람과 교류하는 것을 천성적으로 즐기는 사람은 예외로 치자. 이런 사람은 그리 많지 않다. 만약 복잡하게 얽힌 인간관계에 피로감을 느낀다면 과감하게 정리할 필요가 있다. 진정으로 마음과 말이 통하고 자기 삶에 도움이 되는 사람이라면 아무리 소수라도 문제없다.

카카오스토리, 페이스북, 인스타그램, 트위터 같은 SNS 활동 역시 단순화할 필요가 있다. 다른 사람들이 어떤 생각과 활동을 하며 사는지 궁금하다면 당연히 다양하게 참여할 가치가 있다. 하지만 그것이 나의 행복을 갉아먹는다는 생각이 든다면 당장 탈퇴하는 것이 좋다.

단순함과 간결함을 추구하다 보면 어느새 삶에 기적이 일어난다. 삶은 단순할수록 아름답다. 일본의 미니멀리스트 사사키 후미오는 단순한 삶에서 생기는 변화로 다음 12가지 제시했다.

_김윤경 옮김 '나는 단순하게 살기로 했다'

시간이 생긴다.
생활이 즐거워진다.
자유와 해방감을 느낀다.
남과 비교하지 않는다.
남의 시선을 두려워하지 않는다.
행동하는 사람이 된다.
집중력이 높아진다.
절약하고 환경을 생각한다.
건강하고 안전해진다.
인간관계가 좋아진다.
지금 이 순간을 즐긴다.
감사한 삶을 산다.

66
여행, 가슴 떨릴 때 해야 제격

• 여행하는 자가 성공한다. 당장 배낭여행이라도 떠나라 •

여행에 관한 명언

> 여행을 떠날 각오가 되어 있는 사람만이
> 자기를 묶고 있는 속박에서 벗어날 수 있다.
> _헤르만 헤세
>
> 여행은 한 권의 책이다. 여행하지 않은 사람은
> 그 책의 한 페이지만을 읽었을 뿐이다.
> _성 아우구스티누스)
>
> 여행을 통해 얻는 참된 발견은
> 새로운 볼거리가 아니라
> 사물을 보는 새로운 시각이다.
> _마르셀 프루스트

여행은 언제나 가슴 설레게 한다. 세 번의 즐거움을 선사한다. 준비하는 동안의 기대감, 여행 기간 중의 기쁨, 되새기며 추억할 때의 행복감. 시간과 돈이 아깝게 느껴지는 여행은 거의 없다. 가도 가도 또 가고 싶은 것이 여행이다.

여행은 동서고금을 막론하고 장려 대상이다. 전해 내려오는 속담이 이를 말해준다. "만 권의 책을 읽고 만 리 길을 여행하라."(중국) "자식을 사랑한다면 여행을 보내라."(일본) "여행하는 자가 승리한다."(유럽) 지금이라고 다를 리 있겠는가. 여행 예찬론이 넘쳐나고, 여행지는 어디에나 붐빈다.

여행의 좋은 점은 뭐니 뭐니 해도 견문을 넓힐 수 있다는 것이다. 태어난 곳에서 한 번도 벗어나지 않고 살다 죽는 사람을 상상해 보라. 세상이 한없이 넓다는 사실을 체험하지 못하고선 평생 우물 안 개구리일 수밖에 없다. 젊을수록 여행을 많이 하라고 권하는 이유다. 여행은 다리가 아닌 가슴이 떨릴 때 해야 제격이다.

정치 혁명가 체 게바라는 대학 시절 남미 종단 여행을 갔다가 삶의 방향을 확 바꾼 사람이다. "청춘은 곧 여행이다. 찢어진 주머니에 두 손을 내리꽂은 채 그저 길을 떠나도 좋다." 당장 배낭여행이라도 가라는 게바라의 말이다. 여행이 곧 최고의 공부라는 생각과 멋진 경험에서 우러나온 말이라 여겨진다. 독서가 앉아서 하는 최고의 여행이라면 여행은 다니면서 하는 최고의 독서 아닐까 싶다.

나는 신라시대 대학자 최치원에게서 타고난 여행가의 체취를 느낀다. 경주 사람인 최치원은 12세에 당나라로 유학을 떠났으며, 17년간 그곳에서 학업과 벼슬살이를 하다 귀국했다.

귀국 후에도 크고 작은 관직을 맡는가 하면 학문 연구를 소홀히 하지 않았다.

그런데 국내 여행을 다녀보면 그의 행적을 심심찮게 발견할 수 있다. 경상도 일대는 고을마다 안 들른 곳이 없을 정도이며 경기 양주, 충남 보령 등 전국 곳곳을 누비고 다닌 듯하다. 1200년 전 열악한 도로 사정과 교통수단을 감안하면 호기심과 활동력이 대단한 사람이었던 것 같다. 선진 외국 유학과 폭넓은 여행 경험이 유불선을 넘나드는 학문적 업적 쌓기에 큰 보탬이 되지 않았을까 상상해 본다.

멀리 거슬러 올라갈 것도 없다. 조선 후기, 대한민국 정부수립 당시 왕성하게 활동했던 선각자 대부분은 국내외 여행을 두루 다닌 사람들이다. 가정이 윤택한 사람도 있었지만 진취적 기상 하나로 넓은 세상을 경험한 사람도 적지 않다.

젊은 시절의 여행이 좋긴 하지만 낯선 곳에 대한 열망과 외경심은 나이와 상관없이 발현된다. 누구에게나 삶의 새로운 활력소가 된다. "여행과 장소의 변화는 우리 마음에 활력을 선사한다." 로마 시인 세네카의 말이다. 작가 아나톨 프랑스의 통찰도 같은 맥락이다. "여행이란 우리가 사는 장소를 바꿔주는 것이 아니라 우리의 생각과 편견을 바꾸어 주는 것이다."

나는 가성비를 따지면 가족여행이 가장 좋다고 생각한다. 어른들은 일상에서 벗어나 여유를 만끽할 수 있고, 어린 자녀들은 새로움을 즐길 수 있다. 가족 간의 애틋한 정을 확인하는 좋은 기회가 됨은 말할 것도 없다.

  나는 아이들 어릴 때 서유럽 가족여행을 한 적이 있다. 가정 경제에 다소 부담이 되었지만 가족 모두 인생 최고의 경험이자 추억으로 간직하고 있다.

67
마음의 속도를 늦추어라
• 모든 활동을 빠르게 할 필요는 없어. 차 한잔의 여유를 즐기자 •

여유에 관한 명언

바다보다 더 광활한 것은 하늘이다.
하늘보다 더 광활한 것은 사람의 마음이다.
_빅토르 위고

사람이 빨리 간다고 해서 더 잘 보는 것은 아니다.
진정으로 귀중한 것은 생각하고 보는 것이지
속도가 아니다.
_알랭 드 보통

걸을 땐 너무 서두르지 말고
그렇다고 너무 천천히 걷지도 말라.
빨리 걸으면 성급해 보이고
천천히 걸으면 게으르거나 유약해 보인다.
_데시데리우스 에라스무스

 캐나다로 이민 가서 사는 선배가 20년 만에 서울에 와서 느낀 건 '여전히 여유 없음'이라고 했다. "다들 얼굴이 굳어있는 건 당연하고 왜 그리 바쁘게 움직이는지 숨이 막힐 지경이다.

인천공항과 지하철역은 마치 전쟁터 같고, 앞지르다 남의 어깨를 치고도 미안하단 소리 안 하기는 20년 전이나 똑같다."

그렇다. 빨리빨리 문화 탓일까, 우리네 일상은 매사 속도 경쟁이라도 하는 듯 모두가 급하고 바쁘다. 지하철과 길거리만 그런 것이 아니다. 가정에서나 직장에서나 식사시간은 유달리 짧고, 엘리베이터에선 '빨리 닫힘' 버튼 누르는 게 전혀 이상하지 않다.

빨리빨리 문화는 우리 민족성 아닌가 싶다. 꼭 나쁜 것만은 아니다. 에너지와 역동성을 발휘해 국가 발전을 견인하고 있다고 본다. 하지만 과유불급이다. 정도가 심하다 보니 여유가 너무 없고 삶이 고달프다.

여유는 시간이 아니라 마음이다. 시간이 없어서가 아니라 마음이 느긋하지 못해서 여유를 갖지 못하는 것이다. 마음의 속도를 늦추는 것이 무엇보다 중요하다. 여유를 부린다고 해서 게으름 피우는 것이 아니다. 시간을 허비하는 것도 아니다. 해야 할 일도 안 하면서 편히 쉬지도 못하는 것이 게으름이라면 여유란 해야 할 일을 제대로 하면서 충분히 쉬는 것이라고 하겠다.

삶에 마음의 여유가 없으면 스트레스를 받아 마음 병을 앓을 가능성이 높다. '빠른 마음은 병들고 느린 마음은 건강하다'는 수피(이슬람교의 신비주의자) 메헤르 바바의 말은 딱 맞는 것 같다. 실제로 사랑, 봉사, 이해, 인내 같은 긍정적인 생각은 느린 마음에서 나오고 화, 두려움, 걱정, 질투 같은 부정적인 생각은 빠른 마음에서 비롯되지 않은가.

누구나 일상에서 주어진 시간을 즐겁게 보낼 필요가 있다. 반드시 서둘러야 하는 상황이 아니라면 가급적 속도를 늦추는 것이 좋겠다. 모든 활동을 빠르게 할 필요는 없지 않은가. 속도를 늦추면 하는 일에 더 많은 주의를 기울일 수 있기에 좋은 성과를 거둘 수 있다.

느린 마음 갖기는 각자 훈련으로 가능하다. 언젠가 대학병원 의사에게서 들은 스트레스 해소법이다. "직장에서 당장 잘릴 정도가 아니라면 업무 능력을 100%가 아닌 90% 정도만 발휘하라. 30분 정도 지각하더라도 조바심내지 마라. 욕 조금 먹으면 그만이다. 친구와의 약속도 마찬가지다." 정신건강만을 생각하면 일리 있는 말이다.

이런 여유 훈련은 어떤가. 3초 여유 : 엘리베이터 '빨리 닫힘' 버튼 누르지 않기, 횡단보도 '깜빡 신호' 때 다음 신호 기다리기, 꾸물대는 앞차에 경적 울리지 않기, 끼어드는 차 무조건 끼워주기, 길에서 만난 이웃과 눈 맞추고 인사하기.

10분 여유 : 아침에 10분 일찍 일어나기, 식사 천천히 하기, 퇴근길 공원에 앉아 석양 감상하기, 잠자기 전 잠시 스트레칭하기, 하루 한 번 명상하기.

혼자 조용한 곳에서 따뜻한 차 한잔 마시며 사색에 잠겨보는 것도 좋겠다. 커피는 아무래도 빠른 마음을 부를 것 같다. 녹차나 홍차 한잔 놓고 레프 톨스토이나 법정 산문 시집을 찬찬히 읽어보는 건 어떨까.

영국 계관시인 윌리엄 워즈워스의 여유가 부럽다. "자주 공허한 기분에 젖거나 생각에 깊이 잠겨 기다란 소파에 누우니 행복한 고독인 마음의 눈에 수선화가 문득 떠오르네. 그러면 내 마음은 기쁨에 넘쳐 수선화와 함께 춤을 추네."

68

사색의 힘

• 생각을 깊이 하는 사람은 지혜롭고 미래를 볼 줄 안다 •

사색에 관한 명언

> 사색은 지혜를 낳는다.
> _관자
>
> 사색을 포기하는 것은 정신적 파산선고와 같다.
> 자기의 사색으로 진리를 인식할 수 있다는
> 확신을 잃었을 때 회의가 시작된다.
> _알버트 슈바이처
>
> 얼마나 깊이 고뇌할 수 있는지가
> 인간의 위치를 결정짓는다.
> _프리드리히 니체

인간은 생각하는 동물이다. 인간은 성찰하고 고뇌하며 살지만 다른 동물들은 본능적으로 산다. 인간이 인간다울 수 있는 것은 생각하는 의지와 능력 덕분이다. "그 친구 아무 생각 없이 사는 사람이야"라고 했을 때 그 친구는 인간의 모습을 하고 있지만 본래 의미의 인간이 아니라는 뜻이다. 생각이 없으면 살아도 살아 있는 것이 아니다.

사색이란 깊이 헤아려 생각하고 이치를 따지는 것을 말한다. 인간은 사색하는 존재이기에 우주와 생명과 진리의 근원에 관심을 갖는다. 인간이 고귀하고 위대하다는 것은 사색의 힘에서 비롯된다. 자신의 행동을 성찰하고 개선해나가는 능력은 인간 고유의 특장이다.

세상을 이롭게 하는 발견과 발명은 모두 사색의 결과다. 뉴턴, 아인슈타인이 이뤄낸 과학 발전은 말할 것도 없고 베토벤, 미켈란젤로의 예술적 성취나 괴테, 톨스토이의 문학적 성과물은 모두 깊이 생각한 결과물이다.

위인들에게만 해당되는 게 아니다. 우리네 일상에서도 사색을 하는 사람과 하지 않는 사람의 차이는 자못 크다. 사색하며 사는 사람은 매사에 진지하고 깊이가 있다. 내면의 정신세계가 정리되어 있기 때문에 지혜롭다. 자기 마음이 편안하고 남에게는 관대하다.

반대로 사색하지 않는 사람은 행동이 가볍고 말을 함부로 한다. 생각에 깊이가 없기 때문에 당연히 판단력과 창의력이 떨어진다. 남의 시선을 지나치게 의식함에 따라 자기 마음이 불편하다.

여러분은 어느 쪽인가. 가끔이라도 책을 읽고 음악이나 그림을 감상하며 깊이 생각하는 시간을 갖는 편인가. 아니면 오로지 먹고 마시는 일, 돈 버는 일에 빠져 사유하는 삶과는 거리가 먼 사람인가. 공자는 단정적으로 말한다. "하루 종일 배불리 먹고 마음 쓰는 데가 없는 사람은 뭔가를 이루기 어렵다."

 사색은 어릴 적부터 가까이 하는 것이 좋다. 어리거나 젊을 때는 배움을 통해 지식과 지혜를 길러 성공적인 삶을 준비하는 시기이다. 그런데 공부를 하되 반드시 사색을 함께 해야 한다.

 "배우기만 하고 깊이 생각하지 않으면 깨닫지 못하고, 배우지 않고 제멋대로 생각에 잠기면 위태롭게 된다." 논어에 나오는 말이다. 존 로크는 "독서는 다만 지식의 재료를 제공해줄 뿐이다. 자기 것으로 만드는 것은 사색의 힘이다"라고 했고, 에드먼드 버크는 "사색 없는 독서는 소화되지 않는 음식을 먹는 것과 같다"라고 했다.

 자기주도적 학습, 창의력과 상상력을 기르는 공부가 중요하다는 말이다. 남의 지식을 가져와서 주입만 해가지고는 온전하게 나의 지식, 나의 지혜가 되지 않는다는 뜻이겠다. 모름지기 사색을 해야 내면의 자기를 발견하게 되고, 주체성을 가진 사람으로 성장할 수 있다.

 나이 들어서도 사색은 여전히 중요하다. 진리에 목말라하는 사람, 세월에 찌들어 삶이 고달픈 사람, 고독한 사람, 몸과 마음이 아픈 사람 모두 사색에서 일정한 답을 얻을 수 있다.

 여유가 있다면 자연을 벗삼아 사색하는 것이 좋다. 자연은 평화와 생명을 느끼게 한다. 해변을 거닐며 파도 소리를 듣고, 숲속을 산책하며 지저귀는 새소리를 들으면 자기와의 깊은 대화가 이루어진다. 자기 속을 잘 들여다보는 것이 무엇보다 중요하다.

"사람들은 높은 산과 바다의 거센 파도, 굽이쳐 흐르는 강과 반짝이는 별을 보며 경탄하면서도 정작 자신의 내면을 들여다보지 않는다." 성 아우구스티누스의 지적이다.

69
마음공부의 투 트랙, 명상과 기도
• 하루 한 번씩 마음 비우고, 간절히 기도하는 습관을 기르자 •

명상, 기도에 관한 명언

> 명상은 자신의 감정과 생각이
> 형성되는 방식과 이유를 자각하고
> 이해하는 법을 훈련하며 그 과정에서
> 균형 잡힌 건강한 시각을 얻게 한다.
> _앤디 퍼디컴

> 당신이 고요한 마음에 이르렀다는 것은
> 상처를 어루만지는 정적이
> 사방에 가득하다는 것을 의미한다.
> _에크낫 이스워런

> 사랑이 지나친 법은 없다.
> 기도가 지나친 법은 더더욱 없다.
> _빅토르 위고

마음이 편하지 않고서는 결코 행복할 수 없다. 명예와 돈, 권력을 아무리 많이 가졌다 해도 마음이 불편한 사람은 불행하다. 더 많이 갖고 싶은 욕심에서 불편한 사람도 있고, 가진 것을 지키느라 마음고생하는 사람도 있다.

그런 것 관계없이 괜히 마음이 불편한 사람도 있다. 불편함을 넘어 마음의 병을 앓는 사람도 있다. 우울증, 불안증, 강박장애, 외상후 장애, 수면장애를 호소하는 사람이 의외로 많다. 대입 수험생이나 20대, 30대 청년들 중에서도 마음 병 환자가 적지 않다. 정신건강의학과와 심리치료센터에 환자가 몰리는 이유다.

증상이 심하면 당연히 약물치료, 상담치료를 받아야겠지만 스스로 마음을 다스리는 게 무엇보다 중요하다. 내 마음 내가 모르는 상황에서 자가 치료가 쉽지 않겠지만 명상과 기도는 큰 도움이 된다. 특별한 지식 없이, 돈 한푼 들이지 않고 할 수 있는 마음공부 방법이다.

명상은 요즘 은근히 인기다. 서점에 가면 명상을 안내하는 책이 꽤 많이 진열되어 있다. 배워서 실천하려는 사람이 많다는 뜻일 게다. 사실 명상은 우리나라보다 유럽이나 미국 등지에서 더 인기다. 정신치료, 심리치료 연구자들에게 관심이 많으며 기업들이 사원 교육 및 복지 차원에서 경쟁적으로 이를 도입하고 있다.

흔히 명상이라 하면 인도나 티베트의 깊은 산골짜기에서 가부좌를 튼 힌두교나 불교 수행자를 연상한다. 아니면 계룡산 도사 모습이 떠오른다. 명상이 불교와 힌두교에서 생겨난 수행 방법이긴 하나 그들의 전유물은 아니다. 기독교의 묵상도 명상에 속한다고 본다.

명상은 조용히 눈을 감고 마음을 늦추어 생각을 한 곳으로 집중하는 것을 말한다. 육체 활동을 멈추고 복잡한 마음을 비워 무념무상의 고요한 상태를 지향한다. 과거와 미래를 잠시 잊고 지금 이 순간에 집중하면 마음이 비워진다.

전문가들은 명상시간으로 하루 30분이 적절하지만 바쁘면 10분이라도 괜찮다고 말한다. 장소는 조용하고 깨끗한 곳이면 어디라도 좋다. 조용히 눈을 감고 주어진 명상문을 암송하란다.

〈마음의 속도를 늦추어라〉의 저자 에크낫 이스워런은 좋은 명상문으로 성경 시편 23편, 주님의 기도, 산상수훈의 팔복, 바오로의 사랑의 서, 붓다의 법구경 1장, 바가바드 기타 2장 54-72절 등을 추천한다.

자기 마음을 다스리는 데 명상 못지않게 중요한 것은 기도다. 기도는 특정 종교 신앙인들만 하는 것이 아니다. 종교가 '궁극적 관심'을 지향하는 것이라면 하느님, 부처님, 천지신명 모두 기도의 대상이다. 혼자 믿는 미신, 좋은 그림이나 글귀면 또 어떤가. 진심을 담아 간절하게 기도하는 것이 무엇보다 중요하다. 열심히 기도하다 보면 기도하는 사람 자신의 마음이 바뀐다는 키르케고르의 통찰은 탁월하다.

"누구나 자기 존재의 근원을 찾고자 하는 사람은 먼저 간절한 마음으로 기도를 해야 한다. 진정한 기도는 종교적인 의식이나 형식이 필요 없다. 오로지 간절한 마음만 있으면 된다. 순간순간 간절한 소망을 담은 진지한 기도가 당신의 영혼을 다스려 줄 것이다." 법정 스님의 말이다.

나도 요즘 명상과 기도에 관심이 많다. 매일 아침 동네 야산을 산책하며 잠깐이나마 시간을 내본다. 정신 건강을 다지는 게 1차 목표다.

70
감사는 최고의 항암제다
• 비교 안 함 - 만족 - 감사 - 행복의 4단계론 •

감사에 관한 명언

> 세상에서 가장 사랑받는 사람은
> 모든 사람을 칭찬하는 사람이요,
> 가장 행복한 사람은 감사하는 사람이다.
> _탈무드
>
> 세상에서 가장 쓸모 없는 인간은
> 감사할 줄 모르는 인간이다.
> _요한 볼프강 폰 괴테
>
> 감사하면 젊어지고 감사하면 발전이 있고
> 감사하면 기쁨이 있다
> _칼 힐티

감사는 행복으로 가는 길목에 있다. 감사하는 마음을 가지면 행복하고 그렇지 않으면 불행하다. 행복하기 때문에 감사한 것이 아니라 감사하기 때문에 행복한 것이다. 감사야말로 가장 위대한 덕목이며 행복의 지름길임에도 우리는 감사에 더디다.

감사할 거리를 찾기 힘들어서일까. 이런 말 한번 음미해보자. "신은 오늘 하루만 8만 6000초라는 시간을 선물로 주었다. 그중 단 1초라도 감사하다는 말을 건네는 것이 어떨까."(윌리엄 워드) "하루 동안 나를 위해 10만 번이나 뛰어준 심장과 폐에 감사하라."(임창생)

분명 감사할 일임에도 우리는 감사하다는 생각을 하지 않고 산다. 유대인 집안에선 매일 100가지 이상 감사할 거리를 찾는다고 한다. 하루 100가지 이상 감사할 거리를 찾다니, 세상만사 모든 게 감사할 일 아니겠나.

나는 매일 기도할 때 소설 〈홍당무〉로 유명한 프랑스 작가 쥘르나르의 '아침 기도문'을 함께 묵상한다.

"아침에 일어나니 눈이 보인다. 귀가 즐겁다. 몸이 움직인다. 기분도 좋다. 고맙다. 인생은 참 아름답다."

아침에 일어나 보니 눈, 귀와 사지가 멀쩡하고 기분도 그런대로 괜찮다면 고마운 마음에 인생이 아름답다는 생각이 든다는 작가, 그에게서 우리는 감사하는 마음의 전형을 본다. 우리가 감사하는 마음을 갖지 못하는 이유는 만족감을 느끼지 못하기 때문이며, 만족감을 느끼지 못하는 이유는 남과 지나치게 비교하는 심성 때문이다. 반대로 비교하는 마음을 버리면 쉽게 만족감을 느낄 수 있고, 만족감을 느끼면 금방 감사하는 마음이 생긴다.

아르투어 쇼펜하우어는 "모든 불행의 시작은 비교하는 것으로부터 시작된다"고 했고 시어도어 루즈벨트는 "비교는 기쁨을 훔쳐가는 도둑"이라고 했다. 그렇다. 매사 남과 비교하면 만족감은 결코 내 것이 될 수 없다. 온 세상에서 1등을 하지 않는 한 불평불만이 사라지지 않을 수도 있기 때문이다.

예를 들어, A는 수도권 신도시, 친구 B는 서울 여의도에 같은 돈을 투자해 같은 평수 아파트를 샀다고 치자. 5년이 지나 수도권 아파트 가격은 10억, 여의도 아파트 가격은 20억이 되었다. A는 자신의 부동산 투자 성과가 상당히 큼에도 비교되는 친구 때문에 만족감을 못 느낀다면 불행이 아닐 수 없다. 이런 심성은 아주 흔하게 볼 수 있다. 비교는 위쪽으로만 하는 경향이 있기 때문에 항상 불만족을 부른다. 같은 시기 지방 중소도시에 아파트를 산 다른 친구 C의 아파트 가격은 7억밖에 안 됨에도 A는 굳이 B하고만 비교하려 든다.

비교는 질투심을 유발한다. 질투심을 갖는 한 만족은 없다. 비교하지 않아야 만족감을 맛볼 수 있다. 나를 다른 사람과 비교하고, 다른 사람을 기준으로 나의 행복을 저울질하는 한 만족감을 못 느끼기 때문에 내 행복은 없다.

"만족을 모르는 사람은 비록 부유해도 가난하고, 만족을 아는 사람은 비록 가난해도 부유하다."(석가) "행복하다거나 불행하다는 느낌이 우리가 처한 상황에 따라 달라지는 경우는 절대적으로 드물다. 그보다는 오히려 상황을 이해하고 가진 것에 만족할 수 있는 우리의 능력에 좌우된다."(달라이 라마)

비교 안 함-만족-감사-행복의 네 연결고리를 나는 '행복 4단계론'이라 부른다. 강조하건대 행복의 출발점은 남과 비교하지 않는 것이다. 다른 사람 의식하지 말고 자기 자신의 내면을 깊숙이 들여보는 연습을 해 보자. 젊을 때부터 해야 한다.

인용 및 참고 문헌

〈곁에 두고 읽는 인생문장〉 김환영, 중앙books, 2020
〈권력의 법칙〉 로버트 그린, 안진환 이수경 역, 웅진지식하우스, 2009
〈나는 누구인가〉 강신주 등 7인, 21세기북스, 2016
〈나는 단순하게 살기로 했다〉 사사키 후미오, 김윤경 역, 비즈니스북스, 2015
〈나는 불평을 그만두기로 했다〉 크리스틴 르위키, 조민영 역, 한빛비즈, 2020
〈나는 인생에서 중요한 것만 남기기로 했다〉 에리카 라인, 이미숙 역, 갤리온, 2020
〈느리게 사는 즐거움〉 어니 젤린스키, 문신원 역, 물푸레, 2000
〈니체의 지혜〉 프리드리히 니체, 홍성광 편역, 을유문화사, 2018
〈다산의 마지막 공부〉 조윤제, 청림출판, 2019
〈당신의 삶에 명상이 필요할 때〉 앤디 퍼디컴, 안진환 역, 스노우폭스북스, 2020
〈당신이 옳다〉 정혜신, 해냄, 2020
〈대화〉 피천득 김재순 법정 최인호, 샘터, 2004
〈대화의 신〉 래리 킹, 강서일 역, 위즈덤하우스, 2018
〈돈의 철학〉 임석민, 다산북스, 2020
〈루소가 권하는 인간다운 삶〉 김중현, 한길사, 2018
〈마법의 명언〉 이서희, 리텍콘텐츠, 2021
〈마음껏 행복하라〉 임창생, 김진아 역, 21세기북스, 2012
〈마음의 속도를 늦추어라〉 에크낫 이스워런, 박웅희 역, 바움, 2004
〈마흔의 서재〉 장석주, 한빛비즈, 2012
〈맑고 향기롭게〉 법정, 조화로운삶, 2010
〈매너의 문화사〉 아리투루넨 & 마르쿠스파르타넨, 이지윤 역, 지식너머, 2019
〈명리심리학〉 양창순, 다산북스, 2020
〈무엇을 위해 살 것인가〉 윌리엄 데이먼, 정창우 한혜민 역, 한국경제신문, 2013
〈백 년 후에 읽어도 좋을 잠언 315〉 김옥림, 미래북, 2018

〈백세 철학자의 철학, 사랑 이야기〉 김형석, 열림원, 2019
〈사랑에 대하여〉 장석주, 책읽는수요일, 2017
〈살아갈 날들을 위한 공부〉 레프 톨스토이, 이상원 역, 조화로운삶, 2014
〈살아있는 것은 다 행복하라〉 법정, 류시화, 조화로운삶, 2006
〈삶의 품격〉 홍사중, 마일스톤, 2019
〈생각이 바뀌는 순간〉 캐서린 A. 샌더슨, 최은아 역, 한국경제신문, 2019
〈셰익스피어 평전〉 파크 호넌, 김정환 역, 삼인, 2018
〈소크라테스의 변명〉 플라톤, 박병덕 역, 육문사, 2010
〈쇼펜하우어 평전〉 헬렌 짐먼, 김성균 역, 우물이있는집, 2016
〈스크루테이프의 편지〉 C. S. 루이스, 김선형 역, 홍성사, 2019
〈슬픔의 위로〉 메건 더바인, 김난령 역, 반니, 2020
〈싯타르타〉 헤르만 헤세, 권혁준 역, 문학동네, 2018
〈싱크 어게인〉 애덤 그랜트, 이경식 역, 한국경제신문, 2021
〈어린왕자〉 생텍쥐페리, 민희식 역, 문학의문학, 2018
〈열 번의 산책〉 에디스 홀, 박세연 역, 예문아카이브, 2020
〈영혼에 관하여〉 아리스토텔레스, 오지은 역, 아카넷, 2018
〈예언자〉 칼릴 지브란, 오강남 역, 현암사, 2019
〈올 어바웃 해피니스〉 김아리, 김영사, 2019
〈왜 부모는 자녀를 불행하게 만드는가〉 전성은, 메디치미디어, 2019
〈우리가 지금 휘게를 몰라서 불행한가〉 한민, 위즈덤하우스, 2019
〈인간관계론〉 데일 카네기, 임상훈 역, 현대지성, 2019
〈인간의 품격〉 데이비드 브룩스, 김희정 역, 부키, 2015
〈좋은 권위〉 조너선 레이먼드, 서유라 역, 한스미디어, 2017
〈죽을 때 후회하는 스물다섯 가지〉 오츠 슈이치, 황소연 역, 21세기북스, 2011
〈준비된 습관〉 후나이 유키오, 김수경 역, 더난출판사, 2010
〈지혜의 심리학〉 김경일, 진성북스, 2013
〈천년의 수업〉 김헌, 다산북스, 2020
〈철학자들의 명언 500〉 김태현, 리텍콘텐츠, 2020
〈최고의 설득〉 카민 갤로, 김태훈 역, 일에이치코리아, 2017

〈탐험사 100장면〉 이병철, 가람기획, 1997
〈하루 한 줄 공부명언 365〉 최용섭, 문예춘추사, 2020
〈행복의 역사〉 미셸 포쉐, 조재룡 역, 이숲, 2020
〈행복의 정복〉 버트런드 러셀, 이순희 역, 사회평론, 2017
〈행복의 품격〉 고영건 김진영, 한국경제신문, 2019.
〈행복한 이기주의자〉 웨인 다이어, 오현정 역, 21세기북스, 2019
〈호모 비아토르의 독서노트〉 이석연, 미래엔, 2015
〈혼자 있는 시간의 힘〉 사이토 다카시, 장은주 역, 위즈덤하우스, 2015
〈화에 대하여〉 세네카, 김경숙 역, 사이, 2013
〈흐르는 강물처럼〉 파울로 코엘료, 박경희 역, 문학동네, 2008
〈힘이 되는 말, 독이 되는 말〉 조셉 텔루슈킨, 이주만 역, 마일스톤, 2019